Impulse Physik 1

für die Klassen 5/6
im achtjährigen Bildungsgang
der Gymnasien
in Nordrhein-Westfalen

Neubearbeitung
von

Christian Feldmann
Ulrich Janzen
Tobias Kirschbaum
Reiner Kohl

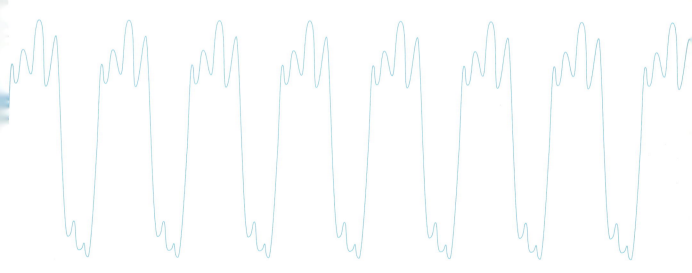

Ernst Klett Verlag
Stuttgart · Leipzig

Das Unterrichtswerk **Impulse Physik 1, Nordrhein-Westfalen G8** wurde auf der Grundlage der bisherigen Ausgabe **Impulse Physik Klasse 6, Nordrhein-Westfalen** von Christian Feldmann, Ulrich Janzen, Tobias Kirschbaum und Reiner Kohl verfasst.

1. Auflage   1 $^{9\ 8\ 7\ 6\ 5}$ | 2018 17 16 15 14

Alle Drucke dieser Auflage sind unverändert und können im Unterricht nebeneinander verwendet werden.
Die letzte Zahl bezeichnet das Jahr des Druckes.
Das Werk und seine Teile sind urheberrechtlich geschützt. Jede Nutzung in anderen als den gesetzlich zugelassenen Fällen bedarf der vorherigen schriftlichen Einwilligung des Verlages. Hinweis § 52 a UrhG: Weder das Werk noch seine Teile dürfen ohne eine solche Einwilligung eingescannt und in ein Netzwerk eingestellt werden. Dies gilt auch für Intranets von Schulen und sonstigen Bildungseinrichtungen. Fotomechanische oder andere Wiedergabeverfahren nur mit Genehmigung des Verlages.
Auf verschiedenen Seiten dieses Bandes befinden sich Verweise (Links) auf Internet-Adressen. Haftungshinweis: Trotz sorgfältiger inhaltlicher Kontrolle wird die Haftung für die Inhalte der externen Seiten ausgeschlossen. Für den Inhalt dieser externen Seiten sind ausschließlich die Betreiber verantwortlich. Sollten Sie daher auf kostenpflichtige, illegale oder anstößige Inhalte treffen, so bedauern wir dies ausdrücklich und bitten Sie, uns umgehend per E-Mail davon in Kenntnis zu setzen, damit beim Nachdruck der Verweis gelöscht wird.

© Ernst Klett Verlag GmbH, Stuttgart 2008. Alle Rechte vorbehalten. www.klett.de

Gestaltung: B2 Büro für Gestaltung, Andreas Staiger, Stuttgart
Umschlaggestaltung: normaldesign GbR, Maria und Jens-Peter Becker, Schwäbisch Gmünd
Grafiken: Alfred Marzell, Schwäbisch Gmünd; Joachim Hormann, Stuttgart; Jeanne Kloepfer, Lindenfels; Jörg Mair, München; Karin Mall, Berlin; Tom Menzel, Rohlsdorf; Gerhart Römer, Ihringen a. K.; Andreas Staiger, Stuttgart
Reproduktion: Meyle + Müller, Medien-Management, Pforzheim
Druck: Himmer AG, Augsburg

Printed in Germany
ISBN: 978-3-12-772423-3

Hinweise zur Gliederung des Buches

Dieses Buch soll Schüler und Lehrer durch den Physikunterricht begleiten. Es will den Unterricht mit seinen Experimenten nicht ersetzen, doch bietet es die Möglichkeit, den Lernstoff selbstständig nachzuarbeiten. Ferner enthält es interessante Zusatzinformationen und gibt zahlreiche Anregungen, um selbst zu forschen.

Die Seiten im Buch sind so gestaltet worden, dass ein rascher Überblick über deren Inhalt und den Gedankengang möglich ist. Dabei werden die Informationen nur mit den notwendigen Begriffen angeboten, um Schwierigkeiten zu vermeiden. Dies kann und soll eine Erarbeitung nach eigenen Bedürfnissen nicht ersetzen.

Vorhaben
Gelber Balken über die ganze Seitenbreite. Das Buch ordnet den Stoff in drei Themenbereiche, denen projektartige Fragestellungen vorangestellt werden. Mit ihnen kann der Stoff selbstständig, etwa in Kleingruppen, erarbeitet werden. Die Lehrkraft sollte organisatorische und inhaltliche Hilfestellung bieten. Diese Seiten stellen ein Angebot für eine handlungsorientierte Erarbeitung des Stoffes dar.

Werkstatt / Kompetenz
Graublauer Hintergrund, blaue Fahne mit Schriftzug „Werkstatt" bzw. „Kompetenz".
Inhalt: Beschreibung der grundlegenden Arbeitsmethoden und Vorgehensweisen der Physik sowie Anleitungen zu selbstständigem Arbeiten und Experimentieren. Auf diesen Seiten findet man ein Angebot an geeigneten Beispielen, mit deren Hilfe Schülerinnen und Schüler die Kompetenzen des Lehrplans erwerben können.

Kapitelbeginn
Abbildung mit Phänomenen aus dem Kapitelinhalt über die ganze Seitenbreite. Darüber Kapitelüberschrift (siehe Inhaltsverzeichnis); die Überschrift wird auf jeder der folgenden Seiten unten bei der Seitenzahl wiederholt.
Inhalt: Verschiedene Probleme, die zum folgenden Stoff hinführen.

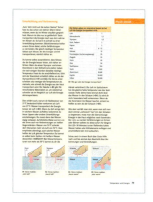

Physik überall
Abschnitte oder ganze Seiten auf hellem Hintergrund. Orangefarbene Fahne mit Schriftzug „Physik überall".
Inhalt: Weiterführender Stoff sowie Zusatzinformationen zu Kontexten aus Umwelt, Medizin und Naturwissenschaften, Technik und Geschichte.

Diese Seiten stellen ein Angebot dar, aus dem die Lehrkraft auswählen kann.

Versuche
Hellblauer Hintergrund.
Inhalt: Beschreibung der grundlegenden Versuche, Beobachtungen und Messergebnisse. Anschließend Grundwissen ohne gesonderte Kennzeichnung.

Grundwissen
Inhalt: Problemgeschichte mit Begriffsdefinitionen, Erklärungen und Folgerungen aus Experimenten, Merksätzen und Fragen.

Rückblick
Am Ende eines Kapitels befinden sich, auf blauem Hintergrund und mit „Fahnen" gekennzeichnet, zusammenfassend

– Fragen zum Merkwissen als Rückblick auf die wichtigsten Inhalte zum Selbstprüfen,
– Phänomene, Alltagserscheinungen als Bildfragen,
– Musteraufgaben,
– Heimversuche,
– Aufgaben zu den verschiedenen Unterabschnitten des Kapitels.

Inhaltsverzeichnis

Hinweise zur Gliederung des Buches   3
Grundregeln für das Experimentieren   6

Forschen wie die Physiker   7
Experimentieren – aber sicher   8
Für alle Fälle – Sicherheitseinrichtungen im Fachraum   9
Wir experimentieren und beobachten   10
Kompetenz: Das schreibe ich mir auf   12

Vorhaben: **Licht allein ist nicht genug!**   13

Elektrische Stromkreise   15
Anschließen von elektrischen Geräten   16
Ein- und Ausschalten von elektrischen Geräten   18
Kompetenz: Von der Schaltung zum Schaltplan   19
Physik überall: Strom, was ist das?   19
Gute und schlechte elektrische Leiter   20
Kompetenz: Elektrische Leitfähigkeit bei Flüssigkeiten und Gasen   21
Reihen- und Parallelschaltung   22
Werkstatt: Elektrische Schaltungen   23
UND- und ODER-Schaltungen   24
Schaltungen mit Umschalter   25
Kompetenz: Wie erstelle ich ein Plakat?   26
Physik überall: Strom bei Mensch und Tier   27
Die magnetische Wirkung des elektrischen Stromes   28
Physik überall: Das Magnetfeld der Erde   30
Physik überall: Anwendungen von Dauer- und Elektromagneten   31
Rückblick, Beispiele, Heimversuche, Aufgaben   32

Elektrische Stromkreise und Energie   37
Wärme- und Lichtwirkung des elektrischen Stromes   38
Wir erhitzen Wasser   39
Werkstatt: Energieübertragung im Stromkreis   41
Werkstatt: Vergleich Stromkreislauf – Wasserkreislauf   42
Physik überall: Energie beim Menschen   43
Gefährliche Schaltungen   44
Sicherheit im Stromkreis   45
Physik überall: Die elektrische Anlage im Haus   46
Kompetenz: Verschiedene Darstellungsformen in der Physik   48
Rückblick, Beispiele, Heimversuche, Aufgaben   49

Vorhaben: **Das warme Haus**   51

Temperatur   53
Die Temperatur   54
Kompetenz: Diagramme erstellen   56
Kompetenz: Diagramme mit dem Computer erstellen   57
Physik überall: Fieber zeigt Krankheiten an   58
Kompetenz: Langzeitbeobachtungen   59
Feste Körper dehnen sich aus   60
Kompetenz: Experimente planen und durchführen   61
Flüssigkeiten und Gase dehnen sich aus   62
Werkstatt: Unterschiedliche Ausdehnung   63
Physik überall: Kräfte bei der Ausdehnung   64
Kompetenz: Vermutungen durch Experimente überprüfen   65
Kompetenz: Wie funktioniert ein Thermostatventil? – Arbeiten mit Modellen   66
Rückblick, Beispiele, Heimversuche, Aufgaben   67

Temperatur und Energie 71
Temperaturunterschiede und Energieströme 72
Aufbau von Stoffen 73
Bratfett bei verschiedenen Temperaturen 74
Physik überall: Regelwidriges Verhalten bei Wasser 75
Temperaturverlauf bei Aggregatzustandsänderungen 76
Temperaturänderung durch Mischen 77
Energietransport in Materie 78
Physik überall: Unterkühlung und Verbrennung 79
Energietransport mit Materie 80
Energietransport ohne Materie 81
Die Sonne – unser Energielieferant 82
Werkstatt: Temperaturregelung 84
Rückblick, Heimversuche, Aufgaben 86

Vorhaben: Schattentheater 89

Licht 91
Vom Sehen 92
Licht trifft auf Gegenstände 93
Physik überall: Wir sehen Farben! 94
Licht im Verkehr 95
Gefahren des Sonnenlichtes 96
Energie unterwegs mit Licht 97
Kompetenz: Experimente planen und durchführen 98
Licht breitet sich geradlinig aus 99
Licht und Schatten 100
Licht und Schatten im Weltall 102
Finsternisse 103
Abbildungen 104
Werkstatt: Abbildungen mit der Lochkamera 105
Rückblick, Heimversuche, Aufgaben 106

Schall 109
Vom Hören 110
Schall fühlen und sehen 111
Schall sichtbar gemacht 112
Schall unterwegs 114
Physik überall: Echo und Nachhall 116
Werkstatt: Schalldämpfung 116
Kompetenz: Spickzettel 117
Werkstatt: Hören in Natur und Technik 118
Physik überall: Wie hören verschiedene Lebewesen? 119
Werkstatt: Musikinstrumente selbst gebaut 120
Lärm schädigt unser Wohlbefinden! 121
Wie schützt man sich vor Lärm? 122
Rückblick, Heimversuche, Aufgaben 123

Energie 125
Energieversorgung 126
Energie kann nicht verschwinden 128
Werkstatt: Projekt: Energiesparen 129
Rückblick, Aufgaben 130

Basiskonzepte 131
Physikalisches Fachwortregister Deutsch–Englisch (mit Beispielen) 134
Stichwort- und Personenverzeichnis 136
Bildquellenverzeichnis 137

Über den Kernlehrplan hinausgehende Inhalte zur Gestaltung eines Schulcurriculums sind durch „•⊢" gekennzeichnet.

Grundregeln für das Experimentieren

Beim Experimentieren muss man besonders sorgfältig und vorsichtig sein. Lies dir zuerst die Versuchsbeschreibung durch. Beginne mit dem Experimentieren erst, wenn dir die auszuführenden Tätigkeiten klar sind. Führe die einzelnen Schritte eines Experiments immer in der richtigen Reihenfolge aus.

Melde es sofort dem Lehrer, wenn dir etwas unklar ist oder etwas Unerwartetes geschieht. Achte darauf, dass deine Versuchsaufbauten nicht umkippen können. Trage stets die notwendige Schutzkleidung. Informiere dich darüber, wo der Erste-Hilfe-Kasten und der Feuerlöscher stehen. Du solltest mit diesen Hilfsmitteln auch umgehen können.

Schutz vor Verbrennungen:
Versuch beendet – Brenner aus!

Schutz vor elektrischen Schlägen:
Nur Spannungen bis 24 V verwenden!

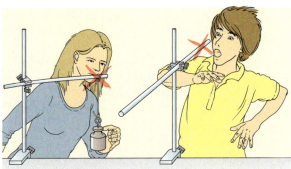

Schutz vor Verletzungen:
Versuch sorgfältig und überlegt aufbauen!

Schutz vor Vergiftung und Verätzung:
Chemikalien richtig aufbewahren und vorsichtig benutzen!

Und wenn doch etwas passiert ...
Ruhe bewahren!
Sofort Lehrerin oder Lehrer informieren!
Hauptschalter bzw. Haupthahn sofort abdrehen!
Bei größeren Unfällen sofort Notruf:
   Feuerwehr 112
   Polizei 110
Erste Hilfe leisten!

Die Gefahrensymbole:

giftig	ätzend	gesundheitsschädlich	leicht entzündlich	explosionsgefährlich	brandfördernd	gefährliche Spannung	umweltgefährlich

▶ **Zum neuen Kennzeichnungssystem GHS** stehen unter www.klett.de Informationen zum Download zur Verfügung (**772423** ins Suchfeld eingeben).

Forschen wie die Physiker

Warum läuft das Wasser nicht aus dem Glas?

Experimentieren – aber sicher

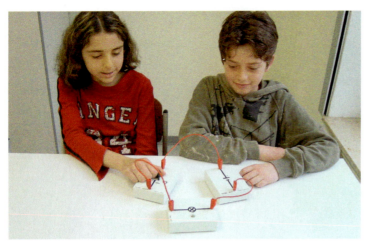

B1 Experimentieren auf einem aufgeräumten Tisch

Physikalische Erscheinungen begegnen uns überall im Alltag. Physiker versuchen, diese Erscheinungen zu erklären. Experimente helfen ihnen dabei, Fragen zu beantworten und Probleme zu lösen. Auch du wirst im Physikunterricht Versuche durchführen, manche davon auch ohne Anleitung des Lehrers. Damit du sicher und unfallfrei arbeiten kannst, solltest du einige Regeln beachten.

Sorge für Ordnung und Übersichtlichkeit
Experimentiere niemals auf einem Tisch, auf dem ein Durcheinander von Büchern, Heften und womöglich Lebensmitteln herrscht. Um sicher experimentieren zu können und den Überblick zu behalten, solltest du erst Ordnung schaffen (→B1). Bevor du zu experimentieren beginnst, musst du die Versuchsanleitung genau durchlesen: Was genau soll untersucht werden? Wie soll der Versuch durchgeführt werden? Welches Material wird benötigt und wo finde ich es? Besorge dir dann zuerst alle Materialien, die du benötigst und räume alle anderen Sachen weg.

Sicherheitsbestimmungen
Damit du dich während eines Versuchs nicht verletzt, sind gewisse Sicherheitsbestimmungen zu beachten:
- Achte darauf, dass die Versuchsanordnung stabil steht und nicht umkippen kann.
- An zerbrochenen Glasgefäßen kannst du dich schneiden. Informiere deine Lehrerin oder deinen Lehrer über den Glasbruch und verwende kaputte Glasgeräte nicht weiter.
- Setze für Versuche mit elektrischem Strom nur Batterien oder Netzgeräte aus der Schule ein (→B2). Experimentiere niemals mit Strom aus der Steckdose. **LEBENSGEFAHR!**
- Beim Umgang mit offenem Feuer (Kerze oder Gasbrenner), heißen Gegenständen oder Flüssigkeiten besteht die Gefahr, sich zu verbrennen. Stelle sicher, dass sich in der Nähe des Gasbrenners keine brennbaren Gegenstände befinden. Aus diesem Grund musst du lange Haare zusammenbinden. Trage bei Experimenten mit dem Gasbrenner immer eine Schutzbrille (→B3).

Aufräumen und entsorgen
Räume die Materialien und Geräte der Schulsammlung immer sauber und ordentlich zurück. Falls Chemikalienreste zurückbleiben, entsorge sie nach Anweisung der Lehrerin oder des Lehrers.

Geteilte Arbeit macht doppelt Spaß
Manche Versuche lassen sich besser zu zweit oder in der Gruppe durchführen. Damit jeder weiß, was er zu tun hat, und alle mitarbeiten können, solltet ihr vorher folgende Fragen klären:

Welche Aufgaben müssen erledigt werden (z.B. Geräte und Material holen und aufräumen, Messung durchführen, Ergebnisse notieren)? Wer übernimmt welche Aufgabe? Wenn ihr erreicht, dass alle Mitglieder der Gruppe gleichermaßen am Versuch beteiligt sind, macht das Experimentieren viel mehr Spaß!

B2 Verwende als Spannungsquellen nur Batterien oder Netzgeräte!

B3 Vorsicht bei der Arbeit mit dem Gasbrenner!

Für alle Fälle – Sicherheitseinrichtungen im Fachraum

Im Fachraum Sieh dich einmal in deinem Fachraum um. Es gibt Anschlüsse für Strom, Gas und Wasser und auch einige Einrichtungen, die deiner Sicherheit dienen. Da du in Zukunft viele Experimente selbst durchführen wirst, musst du mit den Sicherheitseinrichtungen unbedingt vertraut sein.

1 Das grüne Schild zeigt dir den **Fluchtweg** ins Freie. Du solltest diesen Weg einmal zusammen mit deiner Lehrerin oder deinem Lehrer gegangen sein. Dann kennst du diesen Weg in einem Notfall bereits und kannst dadurch mehr Ruhe bewahren.

2 Ein **Feuerlöscher** ist zum Löschen von Bränden vorhanden. Informiere dich über die richtige Bedienung dieses Gerätes.

I

K

3 Der **Erste-Hilfe-Kasten** enthält Verbandsmaterial für den Fall, dass du dich beim Experimentieren verletzen solltest.

4 Für den Fall, dass die Kleidung eines Mitschülers oder einer Mitschülerin Feuer fängt, liegt eine **Löschdecke** bereit. Übt einmal, wie man mit der Löschdecke umgeht.

S

P

5 Die **Augendusche** dient dazu, Spritzer oder kleine Fremdkörper, die dir ins Auge geraten sind, herauszuwaschen.

6 Neben den Türen und am Lehrerpult findest du den **NOT-AUS-Schalter**. Wenn ein solcher Schalter gedrückt ist, sind alle Strom- und Gaszuleitungen unterbrochen. So lassen sich bei einem Unfall alle angeschlossenen Geräte gleichzeitig abstellen.

Y

H

■ **A1** Lies die Texte zu den Sicherheitseinrichtungen auf den Kärtchen durch. Suche auf den Bildkarten das entsprechende Symbol. Die Nummern auf den Textkärtchen geben dir die Reihenfolge der Buchstaben an, die du auf den zugehörigen Bildkärtchen findest. Es ergibt sich der Name eines Unterrichtsfachs.

■ **A2** Drehe an einem der Arbeitstische den Wasserhahn auf. Drücke den NOT-AUS-Schalter und beobachte, was passiert.

■ **A3** Was gehört deiner Meinung nach in einen Erste-Hilfe-Kasten? Diskutiert eure Vorschläge in der Gruppe, erstellt gemeinsam eine Liste und überprüft diese.

Wir experimentieren und beobachten

Führe die folgenden Versuche aus. Arbeite sorgfältig, beobachte genau und beschreibe deine Beobachtungen kurz und knapp.

■ **V1** Fülle einen Becher bis zum Rand mit Wasser. Gib jetzt nacheinander kleine Gegenstände (Schrauben, Murmeln o. Ä.) hinein.

■ **V2** Schlage eine Stimmgabel an und halte die schwingende Stimmgabel in ein Glas Wasser.

■ **V3** Besorge dir einen Spiegel, ein Blatt Papier und einen Stift. Versuche nun deinen Namen auf das Blatt zu schreiben, indem du nur in den Spiegel schaust und du ihn darin lesen kannst.

■ **V4** Fülle eine Limonadenflasche vollständig mit kaltem Wasser. Verschließe sie mit einem Korken mit eingesetztem Trinkröhrchen – das Wasser sollte dabei im Röhrchen ungefähr 3 cm hochsteigen (→ B1). Stelle diese Flasche zuerst einige Zeit an einen warmen Ort (in die Sonne oder auf einen Heizkörper) und danach in den Kühlschrank. Markiere jeweils den Wasserstand (z. B. mit Klebeband).

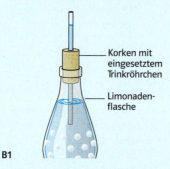
B1

■ **V5** Stülpe über die Öffnung einer Flasche einen Luftballon. Stelle dann die Flasche in einen Topf mit kaltem Wasser und erwärme anschließend den Topf mitsamt Inhalt auf dem Herd (→ B2).

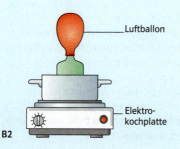
B2

■ **V6** Stelle in ein Teeglas je einen Löffel aus Stahl, Silber und Kunststoff. Klebe in gleicher Höhe mit etwas Margarine eine Erbse fest. Gib dann heißes Wasser in das Teeglas (→ B3).

B3

■ **V7** Baue eure Weihnachtspyramide auf und zünde die Kerzen an (Vorsicht).

■ **V8** Besorge dir einen Kaugummipapierstreifen. Halte ihn zunächst vorsichtig mit der Metallschicht (glänzend) nach unten über eine Kerzenflamme. Wiederhole den Versuch, indem du den Streifen nun drehst und ihn mit der Papierseite nach unten über die Kerze hältst. (→ B4).

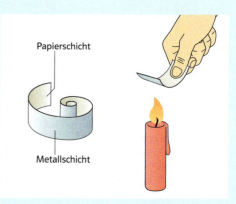
B4

■ **V9** Schütte alle Münzen aus deinem Portemonnaie auf den Tisch zu einem kleinen Haufen. Nimm dir nun einen Stabmagneten und führe ihn langsam über die Münzen hinweg. Wiederhole den Versuch mit den Münzen deines Nachbarn bzw. deiner Eltern oder Geschwister.

■ **V10** Reibe ein Plastiklineal an deinem Pullover und halte es über einige Papierschnipsel oder über deine Haare.

Die Naturwissenschaft Physik Die Physik ist eine Naturwissenschaft – physis (griech.) = Natur. Wir kennen noch weitere Naturwissenschaften, z. B. die Biologie und die Chemie. Was ist das Besondere der Physik?

Auch die Physik untersucht und erklärt Erscheinungen in der belebten und unbelebten Natur. Mit einigen dieser Erscheinungen haben wir uns bereits in den Versuchen beschäftigt. Viele alltägliche Verrichtungen beruhen ebenfalls auf physikalischen **Gesetzmäßigkeiten**. Wir suchen nach solchen Gesetzmäßigkeiten, wenn wir Fragen untersuchen wie „Warum fallen Gegenstände nach unten?", „Wie entsteht ein Regenbogen?", „Wie funktioniert eine elektrische Klingel?", „Was sind Atome?" oder „Warum sind Brücken auf Rollen gelagert?".

Untersuchungsmethoden der Physik Bei Sportwettkämpfen sollen die Ergebnisse möglichst exakt festgestellt werden, um auch wirklich die Besten als Sieger zu küren. Nach Fußballspielen gibt es oft Diskussionen über die Entscheidungen des Schiedsrichters (→ B1). Wichtige Szenen werden im Fernsehen – aus verschiedenen Blickwinkeln und in Zeitlupe – wiederholt. Die Zuschauer können die Vorgänge dann genau beobachten, während der Schiedsrichter sofort seine Entscheidung treffen muss. Einfacher haben es da schon Leichtathletikkampfrichter. Beim 100-m-Lauf misst man mit einer hochmodernen Uhr die Laufzeiten der einzelnen Läufer. Auch beim Weitsprung kann die Sprungweite sehr genau gemessen werden.

Mit ähnlichen Methoden geht man auch vor, wenn man physikalische Vorgänge genauer untersuchen will. Dazu kann man sich die Vorgänge in seinen Arbeitsraum holen und als Experiment ablaufen lassen. Es ist dann möglich, die zu untersuchenden Vorgänge auch zu wiederholen. Weiterhin lassen sich Bedingungen, die die Vorgänge beeinflussen können, verändern. Das folgende Beispiel zeigt, wie Physiker vorgehen, um eine Gesetzmäßigkeit zu untersuchen:

B2 Welche Münzen werden vom Magneten angezogen?

Durchführung: V9 auf der vorherigen Seite.

Beobachtung: Wir erkennen, dass nur bestimmte Münzen (1-, 2-, 5-ct-Münzen starke, 1-, 2-€-Münzen schwächere Anziehung) vom Magneten angezogen werden, unabhängig davon, welcher Münzhaufen verwendet wird.

Vermutung: Es muss an der Zusammensetzung der Münzen liegen, weshalb sie diese Eigenschaft zeigen. Vielleicht beinhalten sie einen bestimmten Stoff, den der Magnet anzieht.

Planung des weiteren Vorgehens: Wir erkundigen uns bzw. recherchieren z. B. im Internet, aus welchen Stoffen die Münzen bestehen und besorgen uns anschließend (vielleicht aus der Chemiesammlung) diese Stoffe getrennt voneinander (Stahl, Kupfer, Nickel, Zinn, Zink, Aluminium („nordisches Gold")).

Experiment zur weiteren Prüfung: Nachdem wir uns von der Ungefährlichkeit der Materialien beim Chemielehrer überzeugt haben, testen wir, welche „verdächtigen" Materialien vom Magneten angezogen werden. Es sind Stahl (bzw. Eisen) und Nickel.

Entscheidung: Es werden die Münzen angezogen, die Eisen oder Nickel enthalten. Genauer: Die 1-, 2-, 5-ct-Münzen (kupferbeschichteter Stahl) bzw. die 1-, 2-€-Münzen (zumindest der Mittelteil) werden vom Magneten angezogen, da sie Nickel oder Eisen enthalten. Allgemein werden auch Gegenstände angezogen, die Cobalt enthalten bzw. Legierungen aus Eisen, Cobalt oder Nickel.

B1 Ist die Entscheidung richtig?

Wie Physiker Gesetze finden

Durchführung und Beobachtung eines Experiments

▼

Vermutung aufstellen

▼

Planung des weiteren Vorgehens (Recherche, weiteres Experiment usw.)

▼

Weitere Experimente zur Klärung der Vermutung

▼

Bei Bestätigung: Formulierung einer Gesetzmäßigkeit, ansonsten Planung weiterer Experimente

Forschen wie die Physiker **11**

Kompetenz — Das schreibe ich mir auf

Stell dir vor, du willst einen spannenden Versuch nach einem Jahr wiederholen. Vielleicht weißt du dann nicht mehr, welches Material du benötigt hast und wie du genau vorgegangen bist. Der Ablauf und die Ergebnisse eines Versuchs lassen sich leichter nachvollziehen, wenn man sie in einem Versuchsprotokoll notiert.

Unten siehst du das Protokoll zu einem Versuch mit Münzen und einem Magneten.

Lies das Protokoll, führe den Versuch selbst durch und überprüfe Beobachtung und Ergebnis.

Auf jedes Protokoll gehören **Name** und **Datum**.

Thema: Schreibe auf, worum es geht.

Material: Liste alle benutzten Geräte auf.

Zeichne eine Skizze des **Versuchsaufbaus**.

Versuchsprotokoll

Datum: 27.2.2008 *Name: Marion Mustermann*

Thema: Welche Münzen werden von Magneten angezogen?

Material: *Versuchsaufbau:*
Magnet, Euro- und Cent-Münzen

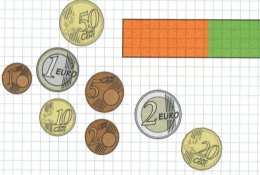

Durchführung: Beschreibe, wie du vorgegangen bist.

Durchführung:
Der Magnet wird von allen Seiten an die Münze gehalten, um zu prüfen, ob er sie anzieht. Die Beobachtungen werden in einer Tabelle notiert.

Beobachtungen: Notiere, was du gesehen oder festgestellt hast.

Beobachtung:

Münzen	werden angezogen	werden nicht angezogen	Münzen	werden angezogen	werden nicht angezogen
1 Cent	X		20 Cent		X
2 Cent	X		50 Cent		X
5 Cent	X		1 Euro	X	
10 Cent		X	2 Euro	X	

Ergebnis: Gib an, was du entdeckt hast.

Ergebnis:
1-Cent-, 2-Cent-, 5-Cent-, 1-Euro- und 2-Euro-Münzen werden vom Magneten angezogen, 10-Cent-, 20-Cent- und 50-Cent-Münzen nicht.
Ob eine Münze angezogen wird oder nicht, hängt davon ab, aus welchem Material sie besteht.

Forschen wie die Physiker

Vorhaben **Licht allein ist nicht genug!**

Versuche in „Forschungsvorhaben" zu klären, wie die Beleuchtungsanlage an deinem Fahrrad funktioniert und wie sie erweitert werden könnte.

Drei Stufen zum Beleuchtungswunder

Das Standlicht Das Licht soll durch einen Schalter am Lenker anschaltbar sein, wenn du stehst. Noch besser: Das Licht geht automatisch an, sobald du anhältst.

Das Bremslicht Wenn du bremst, soll das Rücklicht aufleuchten.

Die Lichthupe und Sirene Entwickle eine über einen Taster zu bedienende Lichthupe und/oder Sirene für dein Fahrrad.

- Formuliere dein Vorhaben genau.
- Plane mögliche Experimente und führe sie sorgfältig durch.
- Protokolliere zuverlässig.
- Entwickle Modelle für dein Fahrrad und präsentiere sie auf einem Plakat.

ACHTUNG! Mit dem veränderten Rad am Straßenverkehr teilzunehmen, ist verboten!

Wichtige Untersuchungen
- Beschreibe den Stromkreis bei deiner normalen Fahrradbeleuchtung. Zeichne einen Schaltplan für die Beleuchtung.
- Untersuche, welche Spannung dein Dynamo liefert.
- Informiere dich über verschiedene Batterietypen und über Akkus.
- Kann man Gleichspannung und Wechselspannung kombinieren?

Wie verhalten sich hierbei die Lampen, der Dynamo und die Batterien?

Hilfen Lasst euch von eurem Lehrer Kataloge von verschiedenen Elektronikversandhäusern geben. Dort gibt es viele Schalter und Bauteile für raffinierte Lösungen:
- Für die Lichthupe und die Sirene kannst du ermitteln, wie viele Schaltertypen es gibt. Vielleicht willst du aber auch einen Schalter, der mit Magneten funktioniert.
- Für die Sirene willst du vielleicht spezielle Geräusche, zum Beispiel eine Lokomotive oder einen bellenden Hund.
- Bei automatischem Standlicht bekommst du ein Problem mit der Spannung des Dynamos. Hier könnte dir ein Brückengleichrichter helfen. Wie er funktioniert, erfährst du in diesem Buch noch nicht. Bis dahin musst du ihn einfach als ein praktisches Bauteil betrachten.

B1 Brückengleichrichter

B2 Schalter

! ACHTUNG! Beim Verlegen von Kabeln, Schaltern und Tastern darfst du auf keinen Fall den Lenker oder den Rahmen deines Fahrrads anbohren! An den Bohrlöchern könnten sonst Rahmen oder Lenker brechen und ein schwerer Sturz wäre dann vermutlich nicht zu vermeiden!

§67 Lichttechnische Einrichtungen an Fahrrädern

(1) Fahrräder müssen für den Betrieb des Scheinwerfers und der Schlussleuchte mit einer Lichtmaschine ausgerüstet sein, deren Nennleistung mindestens 3 W und deren Nennspannung 6 V beträgt (Fahrbeleuchtung). Für den Betrieb von Scheinwerfer und Schlussleuchte darf zusätzlich eine Batterie mit einer Nennspannung von 6 V verwendet werden (Batterie-Dauerbeleuchtung). Die beiden Betriebsarten dürfen sich gegenseitig nicht beeinflussen.
(5) Fahrräder dürfen an der Rückseite mit einer zusätzlichen, auch im Stand wirkenden Schlussleuchte für rotes Licht ausgerüstet sein.

Diese Schlussleuchte muss unabhängig von den übrigen Beleuchtungseinrichtungen einschaltbar sein.
(9) Der Scheinwerfer und die Schlussleuchte nach Absatz 4 dürfen nur zusammen einschaltbar sein. Eine Schaltung, die selbsttätig bei geringer Geschwindigkeit von Lichtmaschinenbetrieb auf Batteriebetrieb umschaltet (Standbeleuchtung), ist zulässig; in diesem Fall darf auch die Schlussleuchte allein leuchten.

B4 Zitat aus der Straßenverkehrs-Zulassungsverordnung (StVZO)

B3 Die beiden leitenden Verbindungen der Fahrradbeleuchtung

■ **A1 Fahrradbeleuchtung früher und heute**
Früher bestand die Beleuchtungsanlage bei Fahrrädern aus einem Dynamo als elektrischer Quelle und je einem Lämpchen in Scheinwerfer und Rücklicht (→ B3). Beim genauen Hinschauen wirst du vielleicht erstaunt sein: zu jeder Lampe führt nur ein Kabel – und dennoch funktionieren sie.
Moderne Fahrräder haben einen Nabendynamo. Dieser befindet sich geschützt in der Fahrradnabe.

Suche im Internet weitere Informationen über die Funktionsweise der beiden hier kurz beschriebenen Systeme der Fahrradbeleuchtung und erstelle ein Plakat, auf dem du deine Ergebnisse darstellst und beide Verfahren erklärst. Stelle insbesondere die jeweiligen Vor- und Nachteile ausführlich dar.

Elektrische Stromkreise

Der Strom fällt aus. Schreibe eine Geschichte.

Anschließen von elektrischen Geräten

Experimentiere niemals mit Strom aus der Steckdose!

■ **V1** Die beiden Kabel der Batterie können unterschiedlich an die Glühlampe angeschlossen werden. Untersuche, in welchen Fällen das Lämpchen leuchtet.

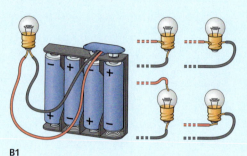

B1

■ **V2** Binge eine Glühlampe wie in Abbildung **B1** zum Leuchten. Ersetze den Batteriehalter für vier Mignonzellen durch einen für zwei. Das Lämpchen leuchtet unterschiedlich hell.

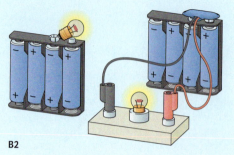

B2

Babyzelle

Block-
batterie

Mignonzelle

Batteriehalter

B3 Einige Batterietypen (der Umgang mit diesen Batterien ist ungefährlich)

ACHTUNG
Lebensgefahr!

Der geschlossene Stromkreis Die mögliche Gesprächsdauer bzw. die Standbyzeit der Handys hat sich in den letzten Jahren enorm verlängert. Dies wird möglich, da immer bessere Akkus hergestellt wurden. Ist der Akku eines Handys jedoch entladen, so kann man das Handy dennoch mit Hilfe des Netzgerätes betreiben und der Akku wird wieder aufgeladen (→**B4**). Das Handy kann also sowohl mit dem Akku als auch mit dem Netzgerät betrieben werden.

Alle elektrischen Geräte können nur funktionieren, wenn sie an eine **elektrische Quelle** angeschlossen werden. Batterien, Akkus, der Dynamo und die Steckdose sind Beispiele für elektrische Quellen.

Zum Anschließen besitzt sowohl jedes elektrische Gerät als auch jede elektrische Quelle zwei Anschlussstellen. Bei elektrischen Quellen nennt man sie häufig Pole. Die Symbole „+" und „–" bezeichnen den **Plus-** und den **Minus-pol**. Bei einer Babyzelle bilden die Metallkappe und die Bodenfläche die Pole. Bei einer Blockbatterie sind dagegen beide Pole oben auf der Deckelfläche angeordnet. Beim Glühlämpchen bilden der Fußkontakt und das Gewinde die Anschlussstellen (→**B5**). Jede dieser beiden Anschlussstellen muss mit je einem Pol der Quelle verbunden werden.

Jedes Gerät an die richtige Quelle Wenn wir ein Waffeleisen an eine Blockbatterie anschließen, so wird es nicht funktionieren. Eine Fahrradglühlampe hingegen würde zerstört, wenn man sie an die Steckdose anschließen würde.

B4

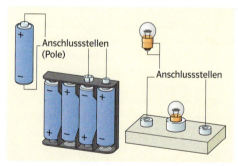

B5

Versuche mit unterschiedlichen elektrischen Quellen und Geräten zeigen: Nicht jedes elektrische Gerät kann mit jeder elektrischen Quelle betrieben werden.

■ **A1** Bei den Netzgeräten und Messgeräten ist der Anschluss für den Pluspol oft rot und der für den Minuspol oft blau. Anna hat sich folgende Merkregel überlegt:
Rot – **P**ositiv. Überlege dir andere Merkregeln für die Farben bei der Polung.

Wie kann man sicherstellen, dass elektrische Quellen und Geräte zueinander passen?

Auf elektrischen Quellen und auch auf den Geräten befinden sich häufig neben weiteren Informationen Angaben über eine **Nennspannung** in der Einheit **Volt**. Eine elektrische Quelle von 6 V (gelesen 6 Volt) kann eine 7-V-Glühlampe betreiben (→B1). Hat die Nennspannung einer Quelle dagegen einen deutlich kleineren Wert als 7 V, leuchtet die Lampe kaum oder gar nicht. Ist sie erheblich größer als 7 V, wie beispielsweise 230 V bei der Steckdose, so wird die Lampe zerstört. Umgekehrt funktioniert der 230-V-Toaster nicht, wenn er an einem Batteriehalter für 6 V angeschlossen wird. Lädt man ein Handy auf, so wird es über ein zusätzliches Gerät an die Netzspannung angeschlossen, einen Transformator. Dieser verringert die Spannung von den 230 V der Netzspannung auf die benötigten Spannungen. So wird das Handy nicht direkt mit 230 V aufgeladen, sondern z. B. mit 12 V.

● Die Nennspannungen von elektrischen Quellen und Geräten müssen nahezu übereinstimmen.

Gefahren des elektrischen Stromes Unsere Sinne können feststellen, ob etwas warm oder kalt, fest oder weich, hell oder dunkel ist. Sie können uns auch vor Gefahren warnen und dadurch vor Schaden bewahren. Für den elektrischen Strom besitzen wir kein solches Warngefühl. Deswegen müssen wir mit elektrischem Strom sorgsam umgehen und jede Warnung vor elektrischem Strom beachten. Batterien und Akkus besitzen normalerweise Nennspannungen zwischen 1,5 V und 9 V und sind damit für den Menschen gefahrlos. Dagegen können elektrische Quellen mit Nennspannungen über 24 V lebensgefährlich sein! Deshalb:

> ⚡ Hantiere nie mit Werkzeugen oder anderen Gegenständen an elektrischen Quellen! Auch nicht an Leitungen und Geräten, die mit diesen Quellen verbunden sind! Experimentiere nie mit elektrischem Strom direkt aus der Steckdose!

■ **A1** Halogenlampen werden manchmal an blanke Drähte ohne Isolation angeschlossen (→B3). Finde im Internet heraus, welche Nennspannungen Halogenlampen besitzen und begründe, warum das Berühren der Drähte ungefährlich ist.

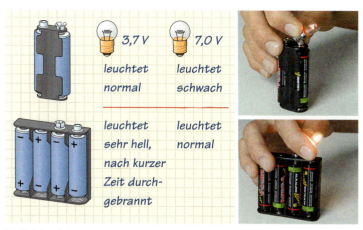

B1 Welche elektrische Quelle passt zu welcher Glühlampe?

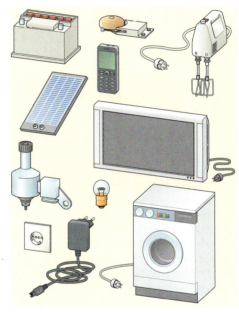

B2 Welche Quelle passt zu welchem Gerät?

B3 Halogenlampen

■ **A2** Nenne fünf elektrische Geräte zu Hause. Mit welcher elektrischen Quelle werden sie jeweils betrieben? Ordne die Geräte in Abbildung **B2** den entsprechenden Quellen zu.

Elektrische Stromkreise

Ein- und Ausschalten von elektrischen Geräten

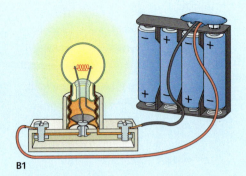
B1

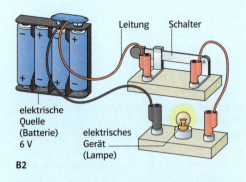
B2 elektrische Quelle (Batterie) 6 V — elektrisches Gerät (Lampe) — Leitung — Schalter

■ **V1** Baue die Schaltung von Abbildung **B1** nach und suche nach Möglichkeiten, das Lämpchen auszuschalten. Das Lämpchen erlischt zum Beispiel, wenn es in der Fassung losgedreht wird oder wenn ein Kabel irgendwo abgetrennt oder durchschnitten wird.

■ **V2** Untersuche elektrische Haushaltsgeräte. An ihnen findest du Taster, Hebel, Dreh- oder Druckknöpfe. Welche Bedeutung haben sie?

Meist handelt es sich um Schalter, mit denen die Geräte ein- und ausgeschaltet werden.

■ **V3** Baue die Schaltung von Abbildung **B2** nach und betätige den Schalter. Füge den Schalter bei der anderen Verbindungsleitung ein. In beiden Zuleitungen kann man mit dem Schalter das Glühlämpchen ein- und ausschalten.

Schalter Viele elektrische Geräte besitzen **Schalter**, mit denen sie ein- bzw. ausgeschaltet werden können. Das ist sinnvoll, denn Geräte werden ja nicht ständig benötigt und müssen deshalb auch nicht immer in Betrieb sein. Deine Schreibtischlampe zu Hause muss zum Beispiel nicht in der Zeit leuchten, in der du in der Schule bist. Möchtest du aber spätnachmittags am Schreibtisch arbeiten, dann kann es draußen schon so dunkel geworden sein, dass zusätzliches Licht notwendig ist.

Bei Abbildung **B2** sind beide Anschlussstellen der Glühlampe über Kabel und Schalter mit einem Pol der Quelle verbunden. Das Lämpchen leuchtet, im Stromkreis ist Strom vorhanden. Man spricht von einem **geschlossenen Stromkreis**. Soll eine Lampe nicht leuchten, so muss der Stromkreis unterbrochen werden. Das kann an einer beliebigen Stelle geschehen. Ein Schalter bietet hierfür eine gefahrlose und bequeme Möglichkeit. Mit seiner Hilfe kann man nach Belieben den elektrischen Stromkreis öffnen, schließen, wieder öffnen, schließen, ohne dass sonst etwas verändert wird.

Bei Experimentierschaltern kann man mit den Anschlüssen in Berührung kommen (→ **B2**).

Die Schalter in Wohnräumen sehen anders aus. Bei Stromkreisen, die dem Menschen gefährlich werden könnten, darf am Schalter kein Kontakt zu den Anschlüssen bestehen! Stromkreise müssen sich gefahrlos öffnen und schließen lassen. In der Randspalte sind Schalter abgebildet, bei denen das gewährleistet ist: **Tastschalter** schließen den Stromkreis nur in der Zeit, in der sie gedrückt gehalten werden (Klingelknöpfe); **Stellschalter** schließen den Stromkreis bis zum nächsten „Kippen".

● **Ein elektrisches Gerät lässt sich nur dann betreiben, wenn es in einem geschlossenen Stromkreis liegt.**

■ **A1** Kühlschrankbeleuchtung
a) Suche den Schalter am Kühlschrank, der die Innenbeleuchtung bei geöffneter Kühlschranktür einschaltet und bei geschlossener Tür ausschaltet.
b) Es handelt sich dabei um einen sogenannten Aus-Taster. Dieser öffnet den Stromkreis beim Drücken des Tasters und schließt ihn beim Loslassen. Überlege wie der Aus-Taster funktionieren könnte und fertige eine Skizze ähnlich der des Tastschalters in der Randspalte an, der die Funktionsweise des Aus-Tasters zeigt.

Tastschalter

Stellschalter

B3 Schalter

Von der Schaltung zum Schaltplan

Du sollst einen Versuch aufbauen, bei dem ein kleiner Elektromotor mit einem Schalter ein- und ausgeschaltet wird. Deine Lehrerin oder dein Lehrer kann dir den fertigen Versuchsaufbau zeigen oder dir ein Foto geben (→ B1).

B1 Versuchsaufbau

Nun kann es sein, dass du nicht genau den gleichen Motor oder nicht den gleichen Schalter zur Verfügung hast. Darauf kommt es aber für den Versuch nicht an. Es muss nur sichergestellt sein, dass der Motor an der Batterie betrieben werden kann und dass der Schalter ein einfacher Ein- und Ausschalter mit zwei Anschlüssen ist. Daher reicht auch eine Zeichnung für deinen Versuchsaufbau (→ B2).

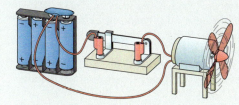

B2 Zeichnung des Versuchsaufbaus

Diese Zeichnung zeigt dir, wie die einzelnen Bestandteile zu einer Schaltung miteinander verbunden werden. Dazu genügt sogar eine noch viel einfachere Zeichnung: ein **Schaltplan** (→ B3).

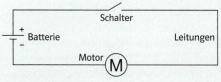

B3 Schaltplan

● Ein Schaltplan gibt einen Überblick darüber, wie die Bauteile in einer elektrischen Schaltung miteinander verbunden sind.

In einem Schaltplan verwendet man bestimmte festgelegte Zeichen für die Bauteile (→ B4). Die Verbindungen zeichnet man grundsätzlich mit dem Lineal. Dabei laufen die Leitungen parallel oder senkrecht zueinander.

■ **A1** Ordne den Schaltzeichen (→ B4) die richtige Bezeichnung zu: Klingel, Motor, Leitung, Glühlampe, zwei Leitungen mit Verbindung, Messgerät, Taster, zwei Leitungen ohne Verbindung, Batterie, Umschalter, elektrische Quelle.

Kompetenz

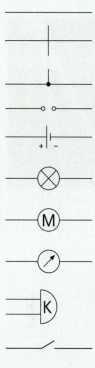

B4 Schaltzeichen

Strom, was ist das?

„Bei einem Fluss sehe ich tatsächlich, wie das Wasser strömt", denkt Verena. „Wie kommt man bloß darauf, dass sich beim Strom etwas bewegen soll?" Sie fragt in der nächsten Physikstunde. Die Lehrerin antwortet: „Man spricht von Strom, wenn etwas fließt. Beim Wasserkreislauf einer Heizung z. B. läuft Wasser ständig im Kreis herum (→ B5). Der Wasserstrom ist an jeder Stelle gleich groß (zum Beispiel an den Stellen A und B). Unterbricht man den Wasserstrom, indem man den Heizkörper abdreht, ist überall Stillstand."

Abbildung **B6** passt zum Wasserkreislauf, könnte aber auch den elektrischen Stromkreis darstellen, falls dort auch etwas herumströmt. Nur leider können wir das nicht sehen! Heute weiß man aber, dass es winzige Elektrizitätsteilchen, Elektronen, gibt, die sich durch Leitungen hindurchbewegen können. Dabei müssen sie sich noch nicht einmal besonders schnell bewegen, denn wichtig ist nur, dass sie sich überall sofort in Bewegung setzen, wenn der elektrische Stromkreis geschlossen wird.

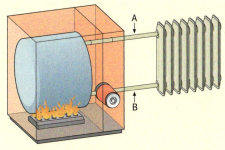

B5 Wasserkreislauf einer Heizung

Physik überall

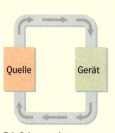

B6 Schema eines Kreislaufes

Gute und schlechte elektrische Leiter

B1 Elektrokabel

Es ist lebensgefährlich, mit Metallstiften an Steckdosen zu hantieren oder in der Badewanne einen Föhn zu benutzen. Dagegen kannst du das Anschlusskabel des laufenden Staubsaugers anfassen, ohne dass dir etwas passiert. Wir wollen die Gründe dafür kennenlernen.

■ **V1** Schneide das Reststück eines Elektrokabels auf. Untersuche seinen Aufbau (→ B1). Welche Bedeutung haben die einzelnen Bestandteile, z. B. das teure Metall Kupfer?

■ **V2** Ersetze, wie in der Anordnung B2 dargestellt, ein Stück des Kabels zwischen Batterie und Lämpchen durch einen Wollfaden, ein Plastiklineal, eine Bleistiftmine, die Metallkappe eines Füllers, einen Holzstift oder einen Radiergummi. Nur bei der Bleistiftmine und der Metallkappe leuchtet das Lämpchen. Untersuche auch weitere Gegenstände. Fasse die Ergebnisse in einer Tabelle zusammen.

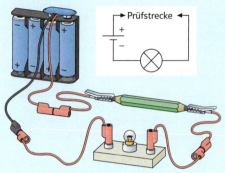

B2 Untersuchung einer Bleistiftmine

Leiter und Isolatoren Nicht mit allen Stoffen kann man einen geschlossenen elektrischen Stromkreis herstellen. Durch Einbau in die Teststrecke eines Stromkreises (→ B2) kann man dann sehen, ob ein Stoff dafür geeignet ist. Stoffe, die den Strom leiten, heißen **Leiter**.

Metalle und Graphit leiten den Strom. Kupfer ist ein besonders guter Leiter. Deshalb verwendet man diesen Stoff auch häufig in Kabeln. Auch Laugen und Lösungen von Salzen und Säuren in Wasser sind elektrische Leiter.

Andere Stoffe, wie Holz, Glas, Gummi, Porzellan, Pappe, Kunststoff oder Wolle, leiten den elektrischen Strom so schlecht, dass durch die Teststrecke aus Abbildung B2 kein Strom nachzuweisen ist. Solche schlechten Leiter nennt man **Isolatoren**. Sie haben große Bedeutung in der Technik; z. B. sorgen Kunststoffhüllen um den Kupferdrähten eines Kabels (→ B1) oder um den Griffen von Elektrikerwerkzeugen dafür, dass wir beim Berühren keinen Schaden nehmen.

● Metalle sind gute elektrische Leiter; Porzellan, Glas, Gummi und viele Kunststoffe sind sehr schlechte Leiter, sie sind gute Isolatoren.

Trockene Luft und andere Gase sind im Allgemeinen auch schlechte Leiter. Wäre Luft ein guter Leiter, so könnte man keine sinnvolle Schaltung aufbauen, da stets ein geschlossener Stromkreis vorläge. Unter bestimmten Bedingungen, wie bei der Leuchtstoffröhre oder beim Blitz im Gewitter, können Gase jedoch auch zu recht guten Leitern werden.

Elektrischer Strom beim Menschen Versuche mit schwachen Batterien und empfindlichen Stromstärkemessgeräten zeigen, dass auch der menschliche Körper den elektrischen Strom leitet.

> ⚡ ACHTUNG: Führe niemals Versuche mit elektrischen Quellen durch, deren Spannung größer als 24 V ist! LEBENSGEFAHR!

■ **A1** Erzähle folgende Geschichte weiter: Angenommen jeder Stoff würde den elektrischen Strom leiten …

■ **A2** Durch den Wirtschaftsboom in China sind die Kupferpreise sehr stark gestiegen.
a) Warum beeinflusst China den Kupferpreis?
b) Recherchiere im Internet den Kilopreis für Kupfer der letzten acht Jahre und stelle das Ergebnis in einem Diagramm dar.

---

leitet gut ▲
- Silber
- Kupfer
- Aluminium
- Eisen
- Konstantan
- Graphit
- Säuren
- Laugen
- Salzlösung
- Leitungswasser
- feuchte Erde
- nasses Holz
- destilliertes Wasser
- Benzin, Öl
- Luft
- Papier
- Wolle
- Glas, Gummi
- Porzellan

▼ **leitet nicht**

B3 Leiter und Isolatoren

Elektrische Leitfähigkeit bei Flüssigkeiten und Gasen

Kompetenz

Tödliches Spiel in der Badewanne

raz Köln, 18. Februar

Zwei Geschwister im Alter von fünf und sechs Jahren starben in Köln-Mülheim an einem tödlichen Schlag in der Badewanne. Wie die Polizei mitteilte, hatte die Mutter das Bad für kurze Zeit verlassen, als eines der Mädchen den eingeschalteten Föhn mit in die Wanne nahm, vermutlich um seiner Schwester die Haare zu trocknen. Dabei fiel ihr wohl der Trockner aus der Hand ins Wasser. Die Kinder waren sofort tot. Der Verband Deutscher Elektrotechniker (VDE) und die Polizei nahmen dieses Unglück zum Anlass, erneut auf die großen Gefahren hinzuweisen, wenn Wasser und elektrischer Strom einander begegnen. Häufig sind es Leichtsinn und Unwissenheit, die zu tödlichen Unfällen führen.

Was führte zu dem Unfall? Wir möchten untersuchen, wie es zu dem Unfall kommen konnte. Im oben abgedruckten Zeitungsartikel steht, dass die Kinder starben, weil ein Kind den Föhn in das Badewasser fallen ließ. Worin besteht nun die Gefahr, wenn elektrische Geräte und Wasser in Berührung kommen?

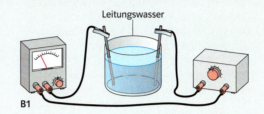

B1

Vorgehensweise der Forscher / Physiker
Zur Untersuchung solcher Zusammenhänge gehen Physiker Schritt für Schritt vor:
- Formuliere eine Frage, z.B.: Leitet (Bade-) Wasser den elektrischen Strom?
- Vermute, wie die Antwort lauten könnte.
- Überlege dir einen Versuch, mit dessen Hilfe du die Frage beantworten kannst.
- Beobachte sorgfältig und notiere deine Beobachtungen genau in einem Versuchsprotokoll.
- Deute die Ergebnisse und versuche mit diesen deine Fragen zu beantworten.

Mit folgender elektrischen Schaltung untersuchen wir, ob Leitungswasser den elektrischen Strom leitet. Zwei Graphitstäbe, die ohne sich zu berühren in das Leitungswasser eintauchen, sind über ein Stromstärkemessgerät mit einer elektrischen Quelle leitend verbunden (→B1). Die Beobachtung und Auswertung halten wir in einem Versuchsprotokoll fest (→B2).

Mit Hilfe des Versuches haben wir gezeigt, dass Wasser den elektrischen Strom leitet. Nun können wir verstehen, dass es gefährlich ist, wenn Wasser und elektrischer Strom einander begegnen. Die Kinder in der Badewanne hatten keinen direkten Kontakt mit dem Stromkreis des Föhns, jedoch indirekt durch das Wasser, welches den elektrischen Strom leitet. Dies führte zum tödlichen Stromschlag.

■ **A1** Untersuche weitere Flüssigkeiten (Salatöl, Mineralwasser, Essig, o.Ä.) auf ihre elektrische Leitfähigkeit.

Versuchsprotokoll

Datum: 9.12.2012   Name: Lukas Mustermann

Thema: Leitet Leitungswasser den elektrischen Strom?

Material:
Netzgerät, Stromstärkemessgerät, Becherglas mit Leitungswasser, 2 Graphitstäbe, Kabel

Versuchsaufbau:

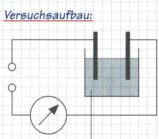

Becherglas mit Leitungswasser und Graphitstäben

Durchführung:
Das Becherglas wird mit Leitungswasser gefüllt. Dann wird das Netzgerät eingeschaltet und das Stromstärkemessgerät beobachtet.

Beobachtung:
Das Stromstärkemessgerät schlägt aus.

Auswertung:
Leitungswasser ist ein elektrischer Leiter.

B2 Beispiel für ein Versuchsprotokoll

■ **A2** Führe den Versuch von oben nun mit destilliertem Wasser durch. Untersuche was passiert, wenn du unter ständigem Rühren einige Löffel Salz in das Wasser gibst. Fertige ein Versuchsprotokoll zu diesem Versuch an.

Reihen- und Parallelschaltung

B1

In der Wohnung findest du immer wieder elektrische Geräte in Betrieb. Mal sind sie einzeln, mal mehrere gleichzeitig angeschlossen. Welche Schaltungen sind hier möglich?

■ **V1** Verbinde zunächst zwei, dann drei Lämpchen in Fassung hintereinander mit einer 4,5-V-Batterie zu einem Stromkreis. Bei der Anordnung mit zwei Lämpchen leuchtet jedes heller als bei der mit drei Lämpchen. Nimmst du eine 9-V-Batterie, leuchten auch die drei Lämpchen hell. Drehst du ein Lämpchen heraus, erlöschen auch die anderen.

■ **V2** Überprüfe an einer Lichterkette (→ **B1**) den Tipp, den Julia ihrer kleinen Schwester

Svenja gibt: „Wenn du die Lichterkette ausschalten willst, musst du nicht in die Zimmerecke kriechen, um den Stecker aus der Steckdose herauszuziehen. Du kannst die Lichterkette auch dadurch abschalten, indem du eine Lampe aus der Fassung lockerst."

■ **V3** Baue einen Stromkreis mit einem Lämpchen in Fassung und einer Batterie. Schalte dann ein zweites und drittes Lämpchen mit eigenem Stromkreis an die Batterie an.

In allen Fällen leuchten die Lämpchen annähernd gleich hell. Wenn du ein Lämpchen aus der Fassung drehst, leuchten die anderen weiterhin.

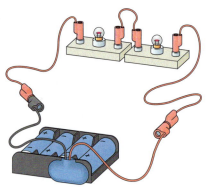 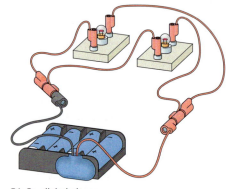

B3 Reihenschaltung   B4 Parallelschaltung

Reihenschaltung   In Abbildung **B3** sind zwei Lämpchen im gleichen Stromkreis nacheinander angeordnet. Eine solche Schaltung bezeichnet man als **Reihenschaltung**. Ist ein Lämpchen defekt oder aus der Fassung gedreht, ist der Stromkreis unterbrochen und es leuchtet kein Lämpchen mehr. Damit alle Lämpchen hell leuchten, muss die Batteriespannung ungefähr so groß sein wie die Summe der Nennspannungen der Lämpchen, d.h., die Lämpchen in Abbildung **B3** müssen bei Betrieb mit dem 6-V-Batteriehalter eine Nennspannung von jeweils etwa 3V haben.

● Bei der Reihenschaltung liegen alle Geräte in einem einzigen Stromkreis. Schaltet man eines dieser Geräte aus, wird der Stromkreis unterbrochen.

Parallelschaltung   In Abbildung **B4** befindet sich jedes Lämpchen in einem eigenen Stromkreis. Sie sind voneinander unabhängig. Die Stromkreise liegen nebeneinander. Deshalb spricht man hier von einer **Parallelschaltung**. Ihr Vorteil ist, dass die Geräte unabhängig voneinander ein- und ausgeschaltet werden können. Deshalb findet sie im Haus bei Lampen und Steckdosen Anwendung.

● Bei der Parallelschaltung hat jedes Gerät seinen eigenen Stromkreis. Jedes Gerät kann unabhängig von den anderen ein- und ausgeschaltet werden.

■ **A1** Zeichne die Schaltpläne der Schaltungen **B3** und **B4**.

■ **A2** Welche Nennspannung haben die Lämpchen in der Schaltung **B4**?

B2 Welche Schaltung liegt vor?

Elektrische Schaltungen

Werkstatt

Lernstationen: In nebenstehenden Lernstationen sind jeweils verschiedene Stromkreise aufzubauen und zu untersuchen.

Station I

Ein einfacher Stromkreis mit Schalter

Geräte: Batterie, Glühlampe, Büroklammer, Reißbrettstifte, Brettchen (Stück dicke Pappe).

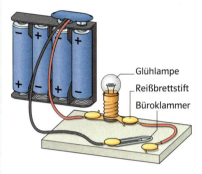

Baue aus den Teilen einen geschlossenen Stromkreis und fertige dazu eine Schaltskizze an.

Station II

Leitfähigkeit von Flüssigkeiten

Geräte: Batterie, Becherglas, 2 Graphitstäbe, Kabel, Glühlämpchen, Stromstärkemesser, Wasser, Zucker, Backpulver, Essig.

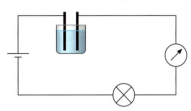

Untersuche nacheinander die Leitfähigkeit von
1. Leitungswasser, in dem du einen Teelöffel Zucker gelöst hast.
2. Leitungswasser, in dem du möglichst viel Zucker gelöst hast.
3. Leitungswasser, in dem du ein Päckchen Backpulver gelöst hast.
4. Leitungswasser, in dem du ein wenig (viel) Essig gelöst hast.

Formuliere deine Beobachtungen!

Station III

Ampelschaltung

Geräte: Batterie, 3 Glühlampen (möglichst grün, gelb und rot), 2 Umschalter, Kabel.

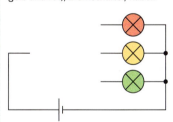

1. Übertrage die Schaltskizze in dein Heft und ergänze in der Schaltskizze zwei Umschalter so, dass du mit Hilfe zweier Umschalter zwischen der roten, gelben und grünen Lampe umschalten kannst. Dabei soll immer nur eine Lampe leuchten.
2. Baue die Schaltung entsprechend dem Schaltplan auf.
3. Wie viele Schalter musst du umlegen, um die Ampelanlage wie folgt zu schalten: ROT – GELB – GRÜN – GELB – ROT.

Station IV

Wie gehen wir mit einem gefährlichen Elektrogerät um

Geräte: Batterie, 2 Druckschalter, kleiner Elektromotor, Kabel.
Bei einer Brotmaschine muss verhindert werden, dass der Mensch, der sie bedient, während des Schneidens mit seiner Hand in das Messer gerät.

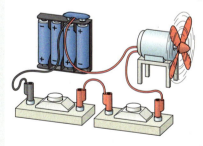

1. Baue die abgebildete Schaltung nach. Anstelle der Schneidescheibe bei der Brotmaschine wird hier ein Motor verwendet.
2. Warum machen die beiden Schalter das Arbeiten mit der Brotmaschine sicherer?

Elektrische Stromkreise

UND- und ODER-Schaltungen

B1

An einem Samstagmorgen arbeitet der Vater von Fritz mit einer elektrischen Heckenschere. „Kann ich das auch einmal versuchen?" bettelt Fritz. „Die Arbeit ist viel zu schwer für dich, die Schere muss mit beiden Händen gehalten werden," meint sein Vater und legt die Heckenschere für einen Moment ab. Neugierig geht Fritz hin und drückt auf den Schalter. Die Schere bewegt sich nicht. Sein Vater lacht: „So einfach geht das nicht, die Heckenschere hat noch einen zweiten Schalter. Man kann mit ihr nur arbeiten, wenn beide Schalter gleichzeitig betätigt werden." Warum wohl?

■ **V1** Baue die Schaltung in Abbildung **B2** nach. Untersuche, welche Schalter jeweils geschlossen werden müssen, damit der Motor läuft bzw. die Lampe leuchtet. Übertrage die

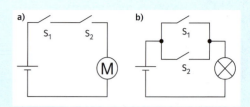

B2 UND-Schaltung (a), ODER-Schaltung (b)

folgende Tabelle in dein Heft und vervollständige sie:

Schalter S_1	Schalter S_2	Schaltung a)	Schaltung b)
auf	auf	Motor aus	Lampe aus
auf	zu	...	...
zu	auf	...	...
zu	zu	...	...

Praktische Schaltungen mit Schaltern Bei vielen elektrischen Geräten, z. B. bei der elektrischen Heckenschere, der Kettensäge oder einer Presse, werden **Sicherheitsschaltungen** benutzt. Sie sind wie die Schaltung in **B2a** aufgebaut. Um sich nicht zu verletzen, muss man z. B. bei der Heckenschere gleichzeitig mit jeder Hand einen Schalter betätigen. Die beiden Schalter liegen hintereinander, sie sind **in Reihe geschaltet**. Im Motor der Heckenschere ist nur dann elektrischer Strom, wenn Schalter S_1 und Schalter S_2 geschlossen sind. Eine solche Schaltung heißt daher **UND-Schaltung**.

● Bei einer UND-Schaltung liegen die Schalter in Reihe; hier müssen alle Schalter geschlossen sein, damit es zu einem elektrischen Strom kommt.

Bei einem Mehrfamilienhaus kann man die Wohnungsklingel mit einem Taster („Klingelknopf") sowohl an der Haus- als auch an der Wohnungstür betätigen (→**B3**). Dazu sind die Tastschalter wie in der Schaltung von **B2b** **parallel geschaltet**. Die Klingel ertönt, wenn mindestens einer der beiden Schalter, also S_1 **oder** S_2 oder auch beide, gedrückt werden. Wir sprechen daher von einer **ODER-Schaltung**.

● Bei einer ODER-Schaltung liegen die Schalter parallel; damit es zu einem elektrischen Strom kommt, muss mindestens ein Schalter geschlossen sein.

B3 Taster an der Haus- und Wohnungstür

■ **A1** Warum sind in der Waschmaschine und der Mikrowelle UND-Schaltungen? Wo befinden sich die Schalter? Welche anderen Elektrogeräte im Haushalt haben eine UND-Schaltung?

■ **A2** Öffnet man bei einem Pkw eine oder mehrere Türen, leuchtet die Innenraumlampe auf. Welche Schaltung liegt vor?

■ **A3** Ein Fahrstuhl fährt erst, wenn alle Türen fest verschlossen sind. Welche Schaltung ist wohl geeignet: eine UND- oder eine ODER-Schaltung?

Schaltungen mit Umschalter

Peter tritt abends aus seinem Zimmer im Dachgeschoss in das Treppenhaus und schaltet an seiner Türe das Licht ein. Fast gleichzeitig kommt auch seine Mutter unten aus dem Wohnzimmer und will auch das Licht einschalten (→ B1). Die Lampe flackert kurz auf und bleibt dann dunkel.

„Warum geht das Licht aus?" ruft Peter. Seine Mutter schmunzelt: „Auch ich wollte das Licht einschalten, du warst aber schneller. Deshalb wurde der Stromkreis wieder unterbrochen."
„Wie funktioniert die Schaltung?" fragt Peter weiter. „Das ist schon etwas kniffliger," antwortet seine Mutter, „häufig benutzt man dazu zwei Umschalter, die durch zwei Leitungen miteinander verbunden sind. Ich zeichne dir mal eine Schaltskizze (→ B2), kannst du die Schaltung erklären?" Wer hilft Peter?

■ **V1** Baue mit dem in Abbildung **B3** angefangenen Schaltungsaufbau eine Ampelschaltung für Fußgänger. Zeichne zuvor eine Schaltskizze.

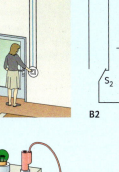

B1

B2

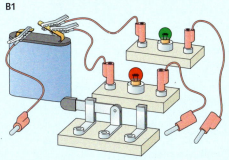

B3 Selbstgesteuerte Ampelschaltung

Praktische Schaltungen mit Umschaltern

Will man – wie in Abbildung **B3** – zwei getrennte Stromkreise abwechselnd öffnen oder schließen, so benutzt man häufig einen **Umschalter**. Wenn er betätigt wird, bildet er mit dem gewünschten Gerät einen geschlossenen Stromkreis.

Solche Schaltungen werden häufig im Alltag eingesetzt: An Kreuzungen steuern sie z. B. den Fahrradverkehr; beim Parkhaus zeigt eine Ampelanlage mit zwei Lampen an, ob es besetzt oder frei ist; im Wartezimmer des Arztes fordert eine Lichtanlage zum Warten oder Eintreten auf.

Umschalter können auch andere Aufgaben erfüllen: In großen Räumen oder Treppenhäusern ist es günstig, wenn man von zwei Stellen aus eine Lampe ein- oder ausschalten kann. Dazu benutzt man häufig eine **Wechselschaltung** (→ B4). In ihr sind zwei Umschalter durch zwei Leitungen miteinander verbunden. Abbildung **B4** zeigt: Wird einer der beiden Umschalter – gleichgültig welcher – betätigt, dann wechselt die Lampe von „Ein" nach „Aus" oder umgekehrt.

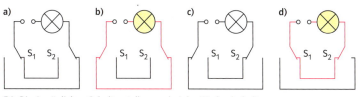

B4 Die 4 möglichen Schalterstellungen bei der Wechselschaltung

● Mit einer Wechselschaltung kann man einen Stromkreis von zwei Stellen aus öffnen und schließen.

■ **A1** Bei welchen Schalterstellungen leuchtet das Lämpchen in der Wechselschaltung **B4**? Lege eine Tabelle an.

■ **A2** Wie kann man einen Umschalter als einfachen Ausschalter verwenden? Zeichne eine Schaltskizze.

■ **A3** In einem Reisebus soll zwischen Hauptbeleuchtung und Nachtbeleuchtung gewechselt werden können. Bei Nachtbeleuchtung soll zusätzlich eine Leselampe eingeschaltet werden können. Entwirf eine entsprechende Schaltung und zeichne den Schaltplan.

| Kompetenz | **Wie erstelle ich ein Plakat?** |

Schaltungen mit mehreren Schaltern

Material
Batterie,
Lampe mit Fassung,
3 Ein-Aus-Schalter,
2 Wechselschalter

Die UND-Schaltung
Bei der UND-Schaltung müssen beide Schalter geschlossen sein, damit die Lampe leuchtet.

Die Schalter sind in Reihe geschaltet. →

Die ODER-Schaltung
Bei der ODER-Schaltung leuchtet die Lampe, wenn ein oder beide Schalter geschlossen sind.

Die Schalter sind parallel geschaltet. →

Die Wechselschaltung
Bei der Wechselschaltung kann man an jedem Schalter die Lampe ein- oder ausschalten.

Die Denkschaltung
Bei einem Kostümfest in der Schule darf nur teilnehmen, wer Schüler ist und entweder Eintritt zahlt oder verkleidet ist. Bei dieser Schaltung leuchtet die Lampe nur, wenn der linke Schalter und mindestens einer der anderen geschlossen ist.

Plakate kennst du als öffentlich angebrachte Werbung an Wänden oder Litfaß-Säulen. Die Werbefachleute setzen auf Plakaten geschickt Bild und Text ein, damit dir im Vorbeigehen die Werbebotschaft auffällt und in Erinnerung bleibt. So soll es auch mit Plakaten sein, die du für den Physikunterricht gestaltest. Hier ein paar Tipps:

1 Das Wichtigste zuerst – die Überschrift Die Überschrift deines Plakates muss groß und deutlich geschrieben werden, damit man rasch erkennt, um welches Thema es geht. Benutze dazu z. B. die breite Seite deines Filzstiftes.

2 Ein Bild sagt mehr Du findest bestimmt Bilder zu deinem Thema. Suche solche aus, die das Thema möglichst groß und deutlich abbilden. Setze Bilder aber sparsam ein. Das Plakat soll am Ende nicht aussehen wie ein Fotoalbum.

3 Fasse dich kürzer Rede nicht lange um den heißen Brei. Schreibe nur wenig Text. Kurze Sätze lassen sich leicht lesen und prägen sich rasch ein.

4 Den Text gliedern Unterteile das Thema in Abschnitte. Gleiche Inhalte werden dazu unter einer Zwischenüberschrift zusammengefasst.

5 Ordnung schaffen Bilder und Texte sollten nicht wahllos durcheinandergewürfelt werden. Benutze Farben und Symbole, um den Platz auf deinem Plakat aufzuteilen und Inhalte zu ordnen. Eine gute optische Aufteilung fällt sofort ins Auge und verleitet zum Hinschauen.

6 Mit Zeichnungen erklären Manche Dinge lassen sich weder mit Worten noch mit Fotos beschreiben. Für solche Fälle kannst du auch selbst etwas zeichnen, um dein Thema zu erklären.

7 Weniger ist mehr Ein Plakat darf nicht zu voll und überladen sein. Es braucht auch leere Flächen. Versuche deshalb auch immer etwas freien Platz zu lassen.

Strom bei Mensch und Tier

Physik überall

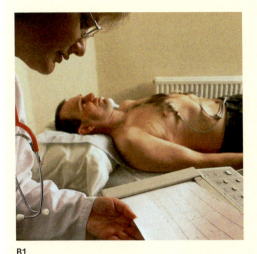

B1

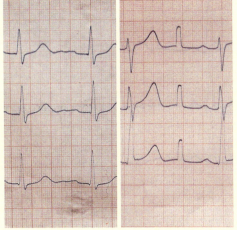

B3

Vielleicht glaubst du, dass elektrischer Strom nur in der Technik eine Rolle spielt. Doch auch im Körper von Mensch und Tier spielt der elektrische Strom eine wichtige Rolle.

Wie kommt es, dass du einen Ball, der auf dich zufliegt, fangen kannst? Alles, was du siehst, wird in den Sehzellen der Augen in elektrische Signale umgewandelt und durch die Nerven zum Gehirn geleitet. Dort werden die Signale ausgewertet und das Gehirn steuert dann ebenfalls über elektrische Signale, die von den Nerven transportiert werden, die verschiedenen Muskeln. Manche Organe, wie zum Beispiel das Herz, steuern sich über elektrische Ströme selbst. Ein Arzt kann diese Ströme messen, aufzeichnen und daran erkennen, ob das Herz gesund ist (→ B1). Diese Aufzeichnung wird in der Medizin Elektro-Kardiogramm (EKG) genannt (→ B3). Heute kann die Medizin Menschen mit Herzproblemen oft durch einen Herzschrittmacher helfen. Dieser ist ein elektrisches Gerät, welches die Herzströme überwacht und – falls erforderlich – im richtigen Takt unterstützt. Andererseits können Ströme von außen, z. B. bei einem Stromschlag, das Herz aus dem Takt bringen und damit lebensgefährlich sein.

Einige Tiere benutzen den elektrischen Strom sogar zur Orientierung und als Jagdwaffe. Es gibt 200 Arten von elektrischen Jagdfischen. Zitteraal (→ B4), Zitterrochen und Zitterwels haben besondere Organe (→ B2), die für kurze Zeit Spannungen bis zu 800 Volt und große Ströme erzeugen können. Die Stromstärke kann auch für Menschen lebensgefährlich sein. Andere Fische wie Nilhecht, Hai oder Messeraal erzeugen elektrische Spannungen von nur einigen Millivolt. Mit speziellen Sinnesorganen können sie sich so auch in trüben und dunklen Gewässern orientieren.

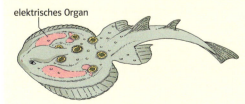

B2 Das elektrische Organ beim Zitterrochen

B4 Zitteraal: Die elektrischen Organe ziehen sich über ⅘ seiner Länge.

Die magnetische Wirkung des elektrischen Stromes

Elektrischen Strom kann man nicht sehen, er ruft jedoch Wirkungen hervor, die wir beobachten können.

■ **V1** Umwickle einen Bleistift mit einem Experimentierkabel und schließe es an eine Batterie an. Beobachte eine vor dem Bleistift stehende Kompassnadel.

■ **V2** Vergleiche folgende Versuche:
a) Lege einen Stabmagnet in eine Schachtel mit Nägeln und hebe ihn hoch (→B1).
b) Schließe eine Spule von etwa 500 Windungen an eine Batterie an. Lege die Spule auch in die Schachtel und hebe sie hoch (→B2).

c) Wiederhole den Versuch bei unterbrochenem Stromkreis.

Der Stabmagnet und die Spule im Stromkreis ziehen besonders an ihren Enden Eisennägel an.

■ **V3** Schiebe einen passenden Eisenkern in die Spule von Versuch V2b. Schließe sie an einen regelbaren Trafo an und wiederhole den Teilversuch mit unterschiedlichen Strömen. Nimm auch Spulen mit 250 oder 1000 Windungen. Mit Eisenkern ist die Kraft größer, ebenso bei größerer Windungszahl oder stärkerem Strom.

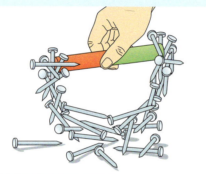

B1

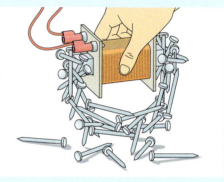

B2

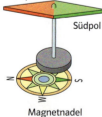

B3 Ein horizontal frei drehbarer Stabmagnet zeigt immer in dieselbe Richtung.

Magnete Schon im Altertum war bekannt, dass es eisenhaltige Mineralien gibt, die kleine Eisenstückchen anziehen können. Heute kann man solche **Dauermagnete** mit viel größerer Wirkung aus Eisen, häufig auch aus Nickel, Kobalt oder besonderen Eisenverbindungen künstlich herstellen. Je nach dem Zweck, für den sie eingesetzt werden, erhalten sie verschiedene Formen. Man kann magnetisierte Metallteilchen auch in Kunststoffe einlagern. Streifen daraus werden z.B. an den Dichtungen von Kühlschranktüren angebracht.

Eine Spule mit Eisenkern, die an eine elektrische Quelle angeschlossen ist, wirkt wie ein Stabmagnet (→B2). Die Magnetkraft eines solchen Elektromagneten lässt sich ändern: Sie wird größer, wenn man die Stärke des Stromes in der Spule erhöht oder ihre Windungszahl vergrößert. Im Gegensatz zu Dauermagneten kann man **Elektromagnete** auch ausschalten, indem man den Stromkreis unterbricht.

Magnetpole Die magnetischen Kräfte von Dauer- oder Elektromagneten sind an einigen Stellen größer als an anderen (→B1 und B2). Die Bereiche mit der stärksten Anziehung nennt man Pole des Magneten. Jeder Magnet hat zwei Pole.

Hängt man einen Stabmagnet oder einen eingeschalteten Elektromagnet frei beweglich auf, so stellen sie sich nach einigen Schwingungen stets so ein, dass wie bei einem Kompass immer das gleiche Ende nach Norden bzw. nach Süden zeigt (→B3). Der nach Norden weisende Pol wird magnetischer Nordpol, der nach Süden weisende magnetischer Südpol genannt. Ändert man die Stromrichtung in einem Elektromagnet, indem man die Anschlüsse an der Batterie vertauscht, so entsteht an dem Ende, an dem vorher ein Nordpol lag, ein Südpol. Entsprechend ist der ursprüngliche Südpol durch einen Nordpol ersetzt worden.

Magnetkräfte Bringt man die Pole von zwei Magneten zusammen (→ B3), so kommt es zur gegenseitigen Anziehung oder Abstoßung. Dabei ist es gleichgültig, ob Dauermagnete oder Elektromagnete benutzt werden. Wir nehmen an, dass Magnete ihre Umgebung so verändern, dass auf andere Magnete Kräfte ausgeübt werden. Diesen Wirkungsbereich um einen Magneten nennen wir **magnetisches Feld** (→ B2). Stehen sich zwei Nord- oder zwei Südpole gegenüber, so stoßen sich die Magnete ab. Treffen dagegen ein Nord- und ein Südpol aufeinander, so ziehen sie sich an.

- **Gleichnamige Pole stoßen einander ab, ungleichnamige ziehen sich an.**

Bringt man unmagnetische Körper aus verschiedenem Material in die Nähe eines magnetischen Nord- oder Südpols, so werden einige von ihnen angezogen, andere nicht. Nur Gegenstände aus Eisen, Nickel und Kobalt werden angezogen. Es sind genau die Stoffe, aus denen auch Magnete hergestellt werden können.

Magnetkräfte lassen sich abschirmen Wir bringen eine Pappe, ein Eisenblech, ein Kupferblech, ein Stück Aluminium oder ein Holzbrett zwischen einen Magnet und ein Eisenstück (→ B4). Nur mit dem Eisenblech lässt sich die magnetische Wirkung abschirmen.

- **Nur Gegenstände aus Eisen, Nickel und Kobalt werden von Magneten angezogen. Nur durch diese Stoffe lässt sich die magnetische Wirkung auch abschirmen.**

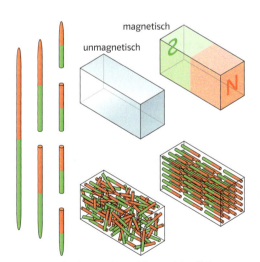

B1 Ein großer Magnet lässt sich aus vielen kleinen Magneten zusammengesetzt denken.

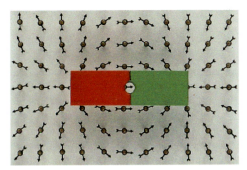

B2 Die Magnetnadeln richten sich im Magnetfeld des Stabmagneten aus.

Eisen lässt sich magnetisieren Wir überprüfen zunächst, ob ein Stück dicker Eisendraht (z. B. eine Stricknadel) unmagnetisch ist: die Drahtenden werden von beiden Polen einer drehbar gelagerten Magnetnadel angezogen. Wir streichen nun mehrmals mit einem Pol eines starken Magneten über den Draht (→ B5). Danach wird ein Drahtende immer von einem Pol der Magnetnadel abgestoßen, vom anderen angezogen – der Draht ist zum Magnet geworden!

Der innere Aufbau von Magneten Teilt man eine Magnetnadel, so entstehen zwei Magnete. An der vorher unmagnetisch erscheinenden Mitte der Nadel sind zwei verschiedene Magnetpole entstanden. Zerteilt man weiter, so entstehen immer neue Magnete mit Polen an den Enden der Bruchstücke. Es sieht so aus, als ob die Nadel schon vorher aus lauter aneinandergereihten Magneten bestanden hätte (→ B1). Darauf beruht eine Vorstellung über den Aufbau von Magneten, das Modell der **Elementarmagnete**.

- **Alle magnetisierbaren Stoffe bestehen aus winzigen Bereichen, die sich wie kleine Magnete verhalten und anordnen.**

Sind die Elementarmagnete ungeordnet, so heben sich ihre Wirkungen außerhalb des Gegenstands auf. Der Gegenstand ist kein Magnet. Ist dagegen die Mehrzahl der Elementarmagnete in eine Richtung ausgerichtet, so wirkt der Gegenstand als Magnet.

■ **A1** Was passiert mit Magneten, die auseinanderbrechen?

■ **A2** Werden Magnete stark erwärmt, so verschwindet die magnetische Wirkung. Worin kann die Ursache dafür liegen?

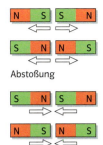

B3 Kraftwirkungen zwischen Magnetpolen

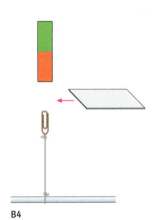

B4

B5 Magnetisierung von Eisen

Physik überall

Das Magnetfeld der Erde

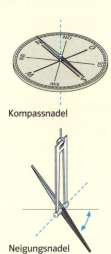

Kompassnadel

Neigungsnadel

B1

Drehbare Magnete richten sich auf der Erde in Nord-Süd-Richtung aus. Daraus schließt man, dass sich um die Erde ein Magnetfeld befindet, in dem sich diese Magnete ausrichten. Das Magnetfeld der Erde lässt sich mit Feldlinien beschreiben (→ **B2**). Die Pole des Erdmagneten liegen nicht auf der Drehachse der Erde, eine Magnetnadel zeigt also nicht genau die Nord-Süd-Richtung an (→ **B3**). Die Abweichung heißt **Missweisung** des Kompasses; für Orte auf der Linie Stralsund-Leipzig-Chiemsee ist die Missweisung zurzeit Null, westlich davon ist sie nach Westen, östlich davon nach Osten gerichtet. Die Nulllinie wandert jährlich um 15 km nach Westen. Die Kraftwirkung des Erdmagnetfeldes ist auch gegenüber der Horizontalen geneigt. Eine Magnetnadel (→ **B1**) mit waagerechter Drehachse zeigt an, dass sie mit 63° im Süden und 69° im Norden Deutschlands gegenüber der Horizontalen in den Boden „zeigt".

Der nach Norden weisende Pol der Magnetnadel heißt Nordpol. Daraus folgt:

● In der Nähe des geografischen Nordpols der Erde liegt ein magnetischer Südpol. Der magnetische Nordpol befindet sich in der Nähe des geografischen Südpols der Erde.

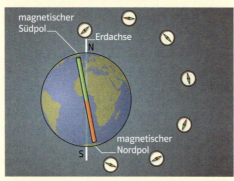

B2 Das Erdmagnetfeld

B3 Missweisung durch das Erdmagnetfeld

Das Erdmagnetfeld ändert sich

Messungen zeigen, dass der Südpol des Erdmagneten im Norden Kanadas liegt und etwa 1140 km vom geografischen Nordpol entfernt ist. Er wandert jährlich etwa 7,5 km in nördliche Richtung. Der magnetische Nordpol in der Antarktis wandert jährlich etwa 10 km in nordwestliche Richtung. Würde das Erdmagnetfeld durch einen Stabmagnet erzeugt, so wäre dessen Achse um 11,4° gegen die Rotationsachse der Erde geneigt. Zurzeit nimmt die Stärke des Magnetfeldes der Erde um 7,5 ‰ jährlich ab. Es variiert auch täglich, ja von Sekunde zu Sekunde. Das Magnetfeld entsteht vermutlich durch elektrische Ströme im flüssigen Erdkern in mehr als 2900 km Tiefe, man spricht vom Geodynamo. Langsame Veränderungen des Erdmagnetfeldes zeigen, dass der Dynamoprozess nicht stabil ist. Einen kleinen Beitrag leistet auch die Hochatmosphäre durch elektrisch geladene Teilchen aus dem Sonnenwind. Schwankungen der Sonnenaktivität sind vor allem Ursache für die kurzzeitige Variation des Magnetfeldes der Erde. Kühlt sich flüssige Lava nach einem Vulkanausbruch ab, so entstehen im Basalt eisenhaltige Kristalle. Diese werden beim Abkühlen durch das gerade vorhandene Erdmagnetfeld magnetisiert. Sie geben somit Auskunft über die Richtung des Erdmagnetfeldes vergangener Zeiten. Dabei zeigt sich, dass sich die Polung des Erdmagnetfeldes in den letzten 100 Millionen Jahren mindestens 170-mal geändert hat.

B4

Anwendungen von Dauer- und Elektromagneten

Physik überall

Elektrische Klingel und Türgong Wird die Klingeltaste gedrückt (→ B1), so wird der Stromkreis geschlossen. Er besteht aus der elektrischen Quelle, der Klingeltaste, der Stellschraube – ihre Spitze drückt gegen ein Kontaktblech –, dem Kontaktblech und zwei hintereinandergeschalteten Elektromagneten. Bei geschlossenem Stromkreis ziehen die beiden Elektromagnete den Klöppel zusammen mit dem Kontaktblech an. Der Klöppel schlägt gegen die Glocke. Dabei wurde aber bei der Stellschraube der Stromkreis unterbrochen – der Klöppel schwingt wieder zurück. Dadurch schließt er erneut den Stromkreis, der ganze Vorgang wiederholt sich, bis man die Klingeltaste loslässt.

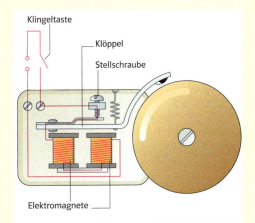

B1 Eine alte elektrische Klingel

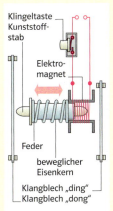

B2 Türgong

Auch beim Türgong wird durch die Klingeltaste der Stromkreis für einen Elektromagnet geschlossen (→ B2). Dadurch wird der Eisenkern, der auf einem Kunststoffstab sitzt, in die Spule hineingezogen. Der Kunststoffstab schlägt auf das rechte Klangblech: Es macht „ding". Lässt man die Klingeltaste los, so wird der Eisenkern nicht mehr festgehalten: Er wird zusammen mit dem Kunststoffstab durch eine Feder nach links geschleudert: Es macht „dong"!

Magnetschalter Ein **Reed-Kontakt** (→ B3) besteht aus zwei biegsamen Metallplättchen, die in ein Glasröhrchen eingeschmolzen sind. Nähert man diesen Plättchen einen Magnet, so werden sie magnetisiert. Dazu müssen magnetischer Nord- und Südpol des Magneten etwa parallel zu den beiden Plättchen ausgerichtet sein. An jedem der beiden Plättchen entsteht nun ein magnetischer Nord- und Südpol. Dabei stehen sich in der Mitte ein Nordpol und ein Südpol gegenüber – die Plättchen ziehen sich an und schließen dadurch den Kontakt. Das Material für die Kontaktplättchen ist so gewählt, dass ihre Magnetisierung wieder verschwindet, sobald man den Magneten entfernt. Dann wird der Kontakt wieder geöffnet.

Bei einem **Reed-Relais** benutzt man anstelle eines Dauermagneten eine stromführende Spule, um die Kontaktplättchen eines Reed-Kontakts zu magnetisieren. Man wickelt die Spule um den Reed-Kontakt. Jetzt liegen zwei Stromkreise vor: ein Stromkreis mit der Spule und ein zweiter Stromkreis, in dem der Reed-Kontakt als Schalter wirkt. Ist der Stromkreis mit der Spule geschlossen, so ziehen sich die beiden Kontaktplättchen an und der Stromkreis mit dem Reed-Kontakt ist ebenfalls geschlossen. Umgekehrt wird der Reed-Kontakt geöffnet, wenn der Strom durch die Spule unterbrochen wird.

Reed-Kontakte benutzt man überall dort, wo man einen Schalter schließen muss, ohne ihn selbst anfassen zu müssen. Sie werden zum Beispiel bei Alarmanlagen als Kontakte an Fenstern eingesetzt. Man baut sie auch bei Modelleisenbahnen in das Gleis ein, so dass sie vom Magneten an einer vorüberfahrenden Lok geschaltet werden.

■ **A1** Erkläre, warum die Klingel nicht mehr funktioniert, wenn man die Stellschraube zu weit hinein- oder herausdreht (→ B1).

■ **A2** Wozu dient der Reed-Kontakt an der Fahrradgabel (→ B5)?

■ **A3** Es gibt auch Reed-Kontakte mit 3 Anschlüssen (→ B4). Sie wirken als Umschalter. Aus welchem Material müssen die 3 Kontaktplättchen A, B, C hergestellt werden?

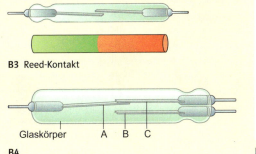

B3 Reed-Kontakt

B4

B5

Elektrische Stromkreise

Rückblick

Auf den vorhergehenden Seiten hast du einige Versuche, neue Begriffe, Beobachtungen und Erklärungen kennengelernt. Wenn du die folgenden Aufgaben bearbeitest, erstellst du dir selbst eine Zusammenfassung des Kapitels und kannst überprüfen, ob du das Wichtigste verstanden hast. Bist du an einer Stelle unsicher, dann schlag noch einmal nach.

1 Begriffe
Was versteht man unter
- einem elektrischen Stromkreis?
- elektrischem Leiter und Isolator?
- einer Reihenschaltung bzw. einer Parallelschaltung?
- einem Magnetpol?
- einem Elektromagneten?

2 Beobachtungen
Was beobachtet man
- wenn eine Glühlampe mit einer elektrischen Quelle verbunden wird?
- auf einem Messgerät, das in einem elektrischen Stromkreis eingebaut ist, wenn man Metall-, Kunststoff- oder Glasstäbe in eine Prüfstrecke des Stromkreises einbaut?
- einen Kompass neben eine stromführende Spule hält?

3 Erklärungen
Erkläre bzw. erläutere,
- wie man ein elektrisches Gerät in Betrieb nimmt.
- warum man Schaltpläne zeichnet.
- wie man die Wirkung eines Magneten abschirmen kann.
- wodurch sich ein elektrischer Türgong in Aufbau und Funktion von einer elektrischen Klingel unterscheidet.

4 Zusammenhänge
Formuliere mit eigenen Worten einige Aussagen über:
- die Leitfähigkeit von festen, flüssigen oder gasförmigen Stoffen
- UND- und ODER- Schaltungen.
- das Magnetfeld der Erde.

Erläutere die Erscheinungen in den folgenden Bildern und beantworte die Fragen!

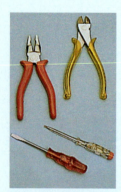

B1 Weshalb haben die Werkzeuge des Elektrikers isolierte Griffe?

B2 Wie sieht die Schaltung der Lichterkette aus, wenn sie keine Reihenschaltung ist?

B3 Führt nur eine Leitung von der elektrischen Quelle zum Motor der Stadtbahn?

B4 Wie funktioniert diese Klingel?

B5 Welche Art von Schrottteilen kann dieser Kran nur heben?

B6 Kannst du diese Zauberei erklären?

1 Richtiger Anschluss eines Lämpchens
In Abbildung **B2** liegt ein „geschlossener Stromkreis" vor. Erkläre, warum das Lämpchen nicht leuchtet. Wie muss man richtig schalten?

Lösung: Nur eine der Anschlussstellen, der Fußpunkt des Lämpchens, ist mit der Batterie verbunden. Der Stromweg geht nicht durch das Gerät, sondern unmittelbar von einem Pol zum anderen Pol der Batterie. Hinweis: Die Batterie wird so schnell leer. Bei einer richtigen Schaltung muss je ein Pol der Batterie mit je einer Anschlussstelle des Lämpchens (Fußpunkt, Gewinde) leitend verbunden sein.

2 Mehrere Lämpchen im Stromkreis Drei Lämpchen in Fassung sind so an eine Batterie geschaltet, dass zwei parallel und das dritte dazu in Reihe ist. Zeichne einen Schaltplan. Welches Lämpchen kann man aus der Fassung drehen, ohne dass die anderen erlöschen?

Lösung: Siehe **B3**. L_1 oder L_2 kann man aus der Fassung drehen, ohne dass die anderen Lämpchen erlöschen, da für diese immer noch ein geschlossener Stromkreis vorliegt.

3 Relais Die Abbildung **B1** zeigt den Aufbau eines Relais.
a) Erläutere, warum die Lampe leuchtet, wenn der Schalter S geschlossen ist.
b) Was geschieht beim Öffnen des Schalters S?
c) Begründe, dass ein schwacher Strom im Steuerkreis einen starken Strom im Lastkreis ein- und ausschalten kann.

Lösung: a) Schließt man den Schalter S, so zieht die Spule mit Eisenkern die Blattfeder an. Dadurch wird der Lastkreis geschlossen.

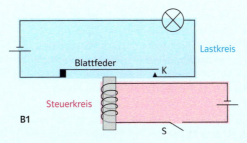

B1

b) Der Magnet zieht die Blattfeder nicht mehr an, sie geht in ihre Ausgangslage zurück und der Lastkreis ist wieder geöffnet.
c) Ein schwacher Strom reicht, um den Magneten einzuschalten und die Feder anzuziehen.

4 Beispiel für ein Versuchsprotokoll: Die Kartoffelbatterie Ist eine Kartoffel eine elektrische Quelle?

Aufbau und Durchführung: In die Kartoffel werden zwei Stifte (Eisennägel, blanke Kupferdrahtstücke) gesteckt. Diese Stifte sind mit einem Messgerät leitend verbunden (→**B4**).
a) Beide Stifte sind aus Kupfer oder aus Eisen.
b) Ein Stab ist aus Kupfer, einer aus Eisen.

Beobachtung: a) Falls beide Stäbe aus dem gleichem Stoff sind, ergibt sich keine Anzeige am Messgerät.
b) Sind sie aus verschiedenen Stoffen, so zeigt das Gerät eine Nennspannung an. Die Anzeige geht aber mit der Zeit zurück.

Auswertung: Wenn zwei Platten oder Stifte aus verschiedenen metallischen Stoffen in eine Kartoffel eintauchen, entsteht eine elektrische Quelle.

Beispiele

B2

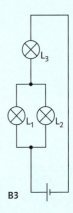

B3

B4 Versuchsaufbau: die Kartoffelbatterie

---

1 Bau eines „heißen Drahts" In Abbildung **B5** siehst du das Geschicklichkeitsspiel „heißer Draht". Material: 3 Holzbretter, 1 Vierkantholz, 1 Rundholz, 1 Summer, fester Kupferdraht, Leitungskabel, Batterie, 1 ringförmige Metallschraube, Schrauben und Klebeband.

Befestige das Vierkantholz an einer Ecke des größeren Bretts (2 Schrauben) (→**B5**), schraube den festen Kupferdraht auf dem Kantholz fest. Vergiss nicht, vorm Festschrauben ein Leitungskabel mit dem Kupferdraht zu verbinden (→**B6**). Drehe die Ringschraube in das Rundholz und verbinde die elektrischen Teile entsprechend der Abbildung mit Leitungskabel. Umwickle das Rundholz und das Kabel mit Klebeband.

Heimversuche

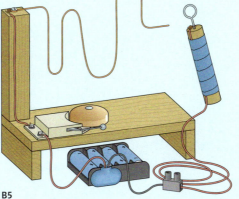

B5

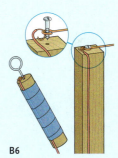

B6

Heimversuche

2 Erkundige dich nach der Nennspannung von elektrischen Quellen und Geräten.
a) Quellen: Knopfzelle (z. B. im Fotoapparat oder in der Armbanduhr), Autobatterie, Trafo für Modelleisenbahn, Solarzelle, Batterie für die Fernbedienung beim Fernseher und Steckdose für Haushaltsstrom bzw. Drehstrom.
b) Geräte: Glühlämpchen in Stablampe (Taschenlampe), im Rücklicht, im Diaprojektor bzw. in der Deckenleuchte, Energiesparlampe, Toaster, Türgong und Elektroherd.

3 Die Kartoffelbatterie Führe das in dem Versuchsprotokoll auf S. 33 geschilderte Experiment statt mit einem Messgerät mit einem Kopfhörer oder mit einer Leuchtdiode durch. Wann hörst du ein Knacken im Kopfhörer?

4 Modell einer Ampelanlage B2 zeigt das Modell einer Verkehrsampel. Erforderliches Material: 1 Metallscheibe, z. B. Deckel einer Dose, 1 dünner Karton, 1 Nagel, 1 Brett, 3 Lämpchen, 1 Batterie und Kabelstücke.

Kernstück der Anlage ist der Drehschalter (→ B2a), den du von Hand betätigen musst, um die drei Ampellämpchen zum Leuchten zu bringen. Um ihn herzustellen, wird in der Mitte der Metallscheibe mit dem Nagel ein Loch gebohrt. Auf ihrer Oberseite wird dann die Pappscheibe mit den Fenstern entsprechend Abbildung B2a aufgeklebt. Anschließend wird sie auf dem Grundbrett befestigt. Zuvor hat man den Nagel mehrfach mit einem blanken Kabelende (eine Zuleitung zur Batterie) umwickelt. Nun befestigt man an einer Halterung entsprechend B2b drei unten blanke Litzen (Kabel) als Schleifkontakte über der Scheibe. Der übrige Aufbau ist aus B2c zu ersehen.

a) Erläutere anhand der Abbildung die Funktionsweise der Schaltung. Wann leuchten die einzelnen Lampen?
b) Beurteile, ob sich die Schaltung für eine wirkliche Ampelschaltung eignen würde.

5 Woraus bestehen unsere Münzen?
Untersuche Münzen von jeder Sorte mit einem Magnet. Welche werden angezogen? Stelle Vermutungen über die Beschaffenheit unserer Münzen auf. Recherchiere die Materialzusammensetzung der Münzen im Internet und überprüfe deine Vermutungen.

6 Die magnetische Wirkung Lege einen Nagel auf den glatten Tisch und bestimme die Entfernung, bei der er von einem Magnet gerade angezogen wird. Untersuche, ob sich diese Entfernung ändert, wenn du Gegenstände aus unterschiedlichen Materialien zwischen Magnet und Nadel hältst. Protokolliere deine Ergebnisse im Heft.

7 Der Datenkiller Nimm eine alte Tonbandkassette und spiele einen kurzen Teil davon ab. Lass das Band wieder zurücklaufen. Überstreiche den nach außen ragenden Teil des Bandes mit einem kleinen Magnet, während du den vorher abgehörten Abschnitt des Bandes mehrmals darunter hin und her ziehst (etwa mit einem Bleistift vor und zurück spulen). Höre das so behandelte Tonband ab. Notiere und deute deine Beobachtungen.

8 Der schwimmende Kompass Durchbohre ein leichtes Holzbrettchen an zwei Enden. Stecke durch die eine Bohrung einen Eisennagel, durch die andere einen langen Kupferdraht, so dass beide einige cm nach unten aus dem Brettchen ragen. Prüfe, ob der Kupferdraht eine Lackisolierung besitzt und entferne sie gegebenenfalls. Wickle dann das freie Ende des Kupferdrahtes zu einer Spule. Das freie Drahtende verbindest du auf der Oberseite leitend mit dem Nagel (→ B1). Schwimmt das Brettchen auf einer Salzlösung, so richtet es sich nach einiger Zeit stets so aus, dass die Spule in Nord-Südrichtung zeigt. Warum richtet sich die Spule aus?

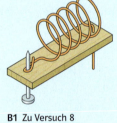

B1 Zu Versuch 8

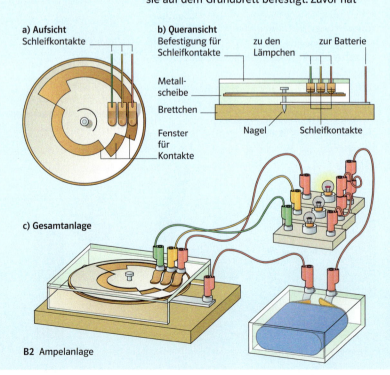

B2 Ampelanlage

Anschließen elektrischer Geräte

1 Schreibe eine möglichst spannende Kurzgeschichte über die Ereignisse in einer Stadt, in der der Strom für längere Zeit ausfällt.

2 Das Lämpchen in Abbildung **B1** soll leuchten. Lege eine Zeichnung an!

3 Zeichne den Schaltplan eines Stromkreises mit einer Batterie, einem Lämpchen und einem Schalter.

4 Ab welcher Nennspannung können elektrische Quellen lebensgefährlich sein? Bei welchen elektrischen Quellen bei dir zu Hause darfst du die Pole deswegen nicht berühren?

5 Betrachte die in Abbildung **B2** abgebildeten Glühlampen.
a) Ordne ihren Nennspannungen eine passende elektrische Quelle zu.
b) Zwischen dem Fußpunkt der Glühlampen und dem Gewinde ist eine Zwischenschicht aus Glas oder Kunststoff. Weshalb nicht aus Metall?

Zum Stromkreis und zum Ein- und Ausschalten elektrischer Geräte

6 Zeichne den Schaltplan eines Stromkreises mit zwei hintereinander angeordneten Lämpchen.

7 In manchen Geschäften öffnet sich die Türe automatisch, wenn du durch eine Lichtschranke gehst. Welchen Zweck hat hier die Lichtschranke?

8 Karl meint, die zweite Zuleitung im Stromkreis sei überflüssig. Es genüge, dass der Strom zum Gerät hinkomme. Bewerte Karls Vorschlag.

9 Angenommen: Obwohl du den Schalter betätigst, leuchtet die Zimmerlampe nicht. Woran könnte das liegen? Nenne mehrere Möglichkeiten! Wo ist dabei der Stromkreis jeweils unterbrochen?

10 Entwickle eine Schaltung mit einem Elektromotor, die überprüfen kann, ob der elektrische Strom eine Richtung hat.

Zu Leiter/Nichtleiter bei Festkörpern, Flüssigkeiten und Gasen

11 Weshalb sind im Haushalt alle Schalter und Steckdosen mit einem Gehäuse aus Kunststoff versehen?

12 Kann man einen Schalter nur aus Metall bauen?

13 Gold und Silber sind besonders gute Leiter. Wieso benutzt man sie nicht für die Elektroinstallation in Gebäuden?

14 Weshalb sind nasse Hände beim Umgang mit elektrischem Strom so gefährlich?

15 Betrachte die Schalter und Steckdosen im Keller oder in der Waschküche. Beschreibe die Unterschiede zu „normalen" Schaltern und Steckdosen.

16 Warum könnte man in vielen Fällen keine sinnvolle Schaltung bauen, wenn Luft ein guter elektrischer Leiter wäre?

17 Erkundige dich im Internet, über das richtige Verhalten, falls man sich bei einem aufkommenden Gewitter draußen befindet. Erstelle ein Infoplakat, welches über das richtige Verhalten informiert und stelle es deinen Mitschülern vor.

18 Entwickle einen Versuch, mit dem man die Verschmutzung von Wasser durch salzhaltige Stoffe elektrisch untersuchen kann. Stelle deine Überlegungen angemessen dar (Versuchsaufbau, Schaltskizze und Erläuterung).

19 Wieso haben die Drähte einer Hochspannungsleitung keine Isolierung? Wie müssen sie angebracht werden, damit sie sich bei Sturm nicht berühren? Wie erreicht man, dass sie keinen Kontakt zu den Masten haben?

Zur Reihen- und Parallelschaltung

20 Warum sind im Haushalt die elektrischen Geräte parallel und nicht in Reihe geschaltet?

21 In Abbildung **B3** sind zwei Lämpchen so mit einer Batterie verbunden, dass sie leuchten. Welche Schaltung liegt jeweils vor? Zeichne eine Schaltskizze.

22 Wie verhalten sich die eingeschalteten Glühlampen bei einer Christbaum-Lichterkette, wenn eine Glühlampe „durchbrennt"?

Aufgaben

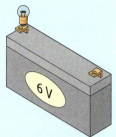

B1 Zu Aufgabe 2

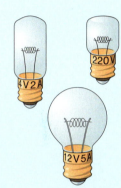

B2 Zu Aufgabe 5

B3 Zu Aufgabe 21

Aufgaben

B1 Zu Aufgabe 30

B5 Zu Aufgabe 28

23 An eine Batterie sind drei Lämpchen so angeschlossen, dass zwei in Reihe geschaltete zu einem dritten parallel angeordnet sind. Fertige eine Schaltskizze an. Welche Lampe kann man aus der Fassung drehen, ohne dass die anderen erlöschen?

Zur UND-, ODER-Schaltung und Schaltungen mit Umschalter

24 Eine Waschmaschine arbeitet noch nicht, wenn man den Programmschalter und die Einschalttaste betätigt hat. Man muss auch die Waschtrommel schließen und das Wasser aufdrehen. Dabei wird jeweils ein Schalter geschlossen. Wie sind diese angeordnet?

25 Bei welchen Stellungen der Schalter S_1, S_2, S_3 und S_4 in der folgenden Schaltskizze leuchtet das Lämpchen? Welche Fälle können vorkommen? Leg dazu eine Tabelle an.

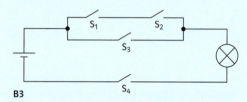

B3

26 Mit einem Umbau der Klingelanlage (Umschalter, Lämpchen und Kabel) möchte Herr Sanft verhindern, dass das Baby abends durch die Türglocke geweckt wird. Beim Betätigen der Klingel am Abend soll nur das Lämpchen leuchten. Fertige eine Schaltskizze an.

27 Bei welchen Schalterstellungen (oben, unten) der drei Umschalter in der folgenden Abbildung leuchten die Lampen L_1 bzw. L_2?

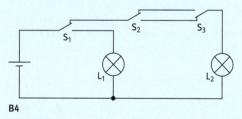

B4

28 Erläutere den Stromkreis bei der Stabtaschenlampe in Abbildung B5. Welche Rolle spielt das Gehäuse?

Dauer- und Elektromagnete

29 Wie kann man die Pole eines nicht gekennzeichneten Magneten finden und identifizieren? Nenne mehrere Möglichkeiten.

30 Zwei Paare von Stabmagneten stehen sich gegenüber (→B1). Welcher der Sätze beschreibt die Situation jeweils richtig:
- Magnet 1 übt auf Magnet 2 eine Kraft aus.
- Magnet 2 übt auf Magnet 1 eine Kraft aus.
- Beide Magnete üben wechselseitig Kräfte aufeinander aus.

31 Erläutere den neben gezeigten Versuch, in dem ein durchbohrter Scheibenmagnet über einem anderen schwebt (→B2). Würde der Versuch auch gelingen, wenn der untere Scheibenmagnet umgedreht wird?

32 Das Gehäuse eines Kompasses besteht meist aus Kunststoff. Warum wohl?

33 a) Warum kann man unter Umständen in Gebäuden die Himmelsrichtung mit Hilfe eines Kompasses nicht richtig bestimmen?
b) Auch im Freien gibt es Orte, an denen ein Kompass zur Orientierung nichts nützt. Wo befinden sich diese Orte?

34 Auf welche Weise kann man Magnetfelder abschirmen?

35 Ursulas Hausschlüssel ist in einen schmalen Spalt gefallen, in den sie nicht mit der Hand hineinfassen kann. Mit einem langen Nagel und einem Magnet schafft sie es, den Schlüssel wiederzubekommen. Wie hat sie es gemacht?

36 Der magnetische Südpol liegt etwa auf 76° nördlicher Breite und 102° westlicher Länge. Suche ihn im Atlas! Welche Insel liegt dort? Der magnetische Nordpol liegt auf etwa 65° südlicher Breite und 140° östlicher Länge. Zeichne den Festlandsockel am Südpol und trage die Lage von Südpol und magnetischem Nordpol ein!

37 Welcher Zusammenhang besteht bei einem Elektromagnet zwischen a) Magnetkraft und elektrischem Strom und b) zwischen Magnetkraft und Windungszahl der Spule? Formuliere „Je ..., desto ..."-Sätze!

38 Für die Schülerzeitung bekommst du den Auftrag, einen Zaubertrick zu entwickeln, der auf Magnetismus beruht. Entwirf einen möglichst ansprechend gestalteten Artikel über einen denkbaren Trick (einschließlich einer Skizze).

Elektrische Stromkreise und Energie

Elektrische Energie – überall verfügbar?

Wärme- und Lichtwirkung des elektrischen Stromes

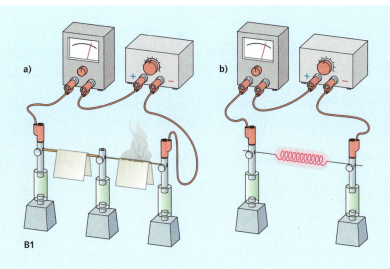

B1

■ **V1** In einem Stromkreis sind ein dünner und ein dicker Draht in Reihe geschaltet. Auf den Drähten sitzen Papierfähnchen. Der dünne Draht glüht, so dass das Papier auf ihm verkohlt (→ **B1a**).

■ **V2** Schaltet man gleich lange und gleich dicke Drähte aus Kupfer und Eisen in Reihe, so verkohlt das Papierfähnchen auf dem Eisendraht.

■ **V3** Wir schließen einen langgestreckten Draht an eine elektrische Quelle an. Er wird warm, glüht aber nicht. Dann wickeln wir ihn um einen Bleistift zu einer Wendel. Wenn wir ihn jetzt anschließen, nimmt die Wärmewirkung zu. Der Draht glüht sogar, wenn wir vor dem Anschließen die Wendeln sehr eng zusammen schieben (→ **B1b**).

Temperaturerhöhung durch elektrischen Strom Der elektrische Strom hat eine Wärmewirkung. Die Temperaturerhöhung des Leiters hängt dabei von verschiedenen Einflüssen ab: Der gleiche Strom erhitzt einen dünnen Leiter stärker als einen dicken aus dem gleichen Material. Verwendet man ein anderes Material für den Leiter, so ergibt der gleiche Strom eine andere Temperaturerhöhung.

● **Der elektrische Strom bewirkt eine Temperaturerhöhung des Leiters. Sie hängt vom Material und der Dicke des Leiters und von der Stärke des Stromes ab.**

Wenn man einen Draht aufwickelt, wird er heißer und glüht deutlich heller als der gestreckte Draht. Die einzelnen Windungen der Wendel heizen sich gegenseitig auf und werden von der Luft nicht so gut gekühlt wie der gestreckte Draht. Deshalb kann die Wendel auch leichter verbrennen oder schmelzen. Bei vielen Geräten im Haushalt, z. B. beim Bügeleisen, nutzt man die Wärmewirkung des elektrischen Stromes (→ **B3**).

Die Zuleitungen in den Zimmerwänden und in den Anschlusskabeln sollen sich aber kaum erwärmen. Deshalb fertigt man sie aus Drähten, die wesentlich dicker sind als die Heizwendeln in diesen Geräten. Die Verwendung des gut leitenden Kupfers in den Zuleitungsdrähten verringert die Wärmewirkung.

Die Lichtwirkung des elektrischen Stromes
Bei der Glühlampe wird die Wendel aus Wolfram so heiß, dass sie Licht aussendet. Bei Leuchtstoffröhren und Energiesparlampen wird durch den elektrischen Strom ein Gas zum Leuchten gebracht (→ **B2**). Sie werden nicht so heiß wie Glühlampen. Noch geringer ist die Wärmewirkung bei Leuchtdioden. Sie sind daher sehr effektive Lichtquellen.

■ **A1** Beschlagene oder vereiste Heckscheiben eines Autos lassen sich mit Hilfe von dünnen Drähten verhindern. Erkläre dies!

B2 Energiesparlampe   B3 Haushaltsgeräte mit Heizspiralen

Wir erhitzen Wasser

V1 Erhitze Wasser mit Hilfe der Gegenstände aus Abbildung **B1**. Welche von ihnen können allein und welche können nur zusammen mit anderen Wasser erhitzen. Untersuche, ob sich diese Gegenstände beim Erhitzen des Wassers verändern. Die Lupe mit der Sonne, der Gasbrenner mit der Gasflasche und der Campingtauchsieder mit der Batterie erhitzen das Wasser. Dabei werden Akku und Gasflasche leer; die Kerze wird kleiner.

V2 Auf den Verpackungen von Nahrungsmitteln stehen häufig Angaben in der Einheit kJ. Suche zu Hause oder in Geschäften danach und notiere solche Angaben. Worüber geben sie Auskunft?

B1 Gegenstände zum Erhitzen von Wasser

Energie Zum Baden, Kochen oder Waschen wird meist heißes Wasser benötigt. Was beim Erhitzen des Wassers geschieht, untersuchen wir genauer. Um Wasser zu erhitzen, können verschiedene Gegenstände benutzt werden: eine Kerze, ein Gasbrenner mit Gasflasche, ein Tauchsieder mit Batterie, ein heißer Stein, eine Lupe und die Sonne …

Während die Temperatur des Wassers in jedem Fall ansteigt, verändern sich die Gegenstände in unterschiedlicher Weise: Kerze und Gas verbrennen zu unsichtbaren Gasen; der heiße Stein kühlt ab, wenn er im Wasser liegt; die Batterie wird entladen. Sie alle können jetzt nicht mehr zum Erhitzen von Wasser benutzt werden. Selbst die Sonne verändert sich im Laufe von Milliarden Jahren und wird irgendwann auch kein Wasser mehr erhitzen können.

Kerze, Gasbrenner, Batterie usw. können nicht beliebig lange benutzt werden, um Wasser zu erhitzen. Wir nehmen an: Alle diese Gegenstände geben etwas ab, von dem sie selbst nicht beliebig viel besitzen. Das, was sie abgeben, nennen wir **Energie** (→**B3**). Es bewirkt immer dasselbe: die Temperaturerhöhung des Wassers.

● Mit Energie lässt sich Wasser erhitzen.

Die Einheit der Energie ist 1 Joule (1 J). Für Vielfache der Einheit verwendet man: 1000 J = 1 kJ (1 Kilojoule).

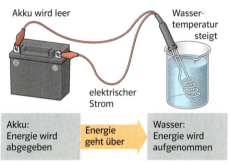

B2 Energie geht vom Akku auf das Wasser über.

Um die Temperatur von 1 Liter Wasser um 1 °C zu erhöhen, ist eine Energie von rund 4 kJ erforderlich. Um bei 1 Liter Wasser die Temperatur um 5 °C zu erhöhen, ist fünfmal soviel Energie nötig, um 3 Liter Wasser um 5 °C zu erwärmen ist sogar 15-mal soviel Energie nötig. Während das Wasser erwärmt wird, nimmt es selbst Energie auf. Die Energiequelle (Batterie, Gasflasche oder Kerze) gibt Energie ab. Diese Vorgänge lassen sich übersichtlich in einem **Energieflussdiagramm** darstellen. Abbildung **B2** zeigt, wie Energie von einem Akku auf das Wasser übergeht.

Lässt man heißes Wasser in einer Tasse stehen, so nimmt seine Temperatur mit der Zeit ab. Ein Teil der Energie des heißen Wassers ist an die Umgebung abgegeben worden. Die Tasse und die umgebende Luft haben sich erwärmt. Die Energie der erwärmten Umgebung ist zwar noch vorhanden, aber nicht mehr nutzbar. Man sagt, sie ist **entwertet**.

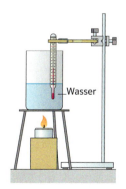

B3 Nachweis von Energie: Wenn ein Gegenstand die Temperatur von Wasser erhöhen kann, dann besitzt er Energie.

Wasser im Stausee

Bohrer

Turbine

Generator

Elektromotor

Holzstück

Überall Energie Mit Elektrizität kann man nicht nur Wasser erhitzen, sondern mittels eines Elektromotors etwas bewegen oder hochheben, Feuer dient nicht nur zum Erwärmen, sondern erhellt auch die Dunkelheit. In der Lokomotive der „Brockenbahn" wird Kohle verbrannt und Wasser erhitzt, d.h. die Kohle gibt Energie ab und das Wasser im Kessel nimmt sie auf. Zwar werden damit im Winter die Wagen der Bahn für das Wohlbefinden der Reisenden geheizt, deren eigentliches Ziel ist aber die Fahrt mit dem Zug bis auf den Gipfel. Auch hier ist Energie im Spiel. Wir können sie nicht unmittelbar wahrnehmen wie z. B. die Temperatur eines Gegenstandes.

● **Mit Energie kann man etwas hochheben, bewegen, erleuchten, erwärmen, schmelzen …**

Kohle und Benzin nennt man **Energiequellen**. Die Menschen haben Vorrichtungen erdacht, sich verschiedene Energiequellen in unterschiedlicher Weise nutzbar zu machen. Die Tabelle zeigt Beispiele.

Mit einem Energieflussdiagramm lassen sich die Vorgänge genauer beschreiben (→ **B1**).

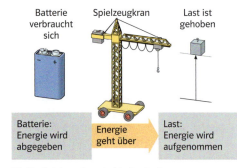

B1 Ein Spielzeugkran hebt eine Last.

■ **A1** Bei der Bohrmaschine nimmt der Bohrer die von der Steckdose abgegebene Energie auf. An der Steckdose ist aber keine Veränderung festzustellen.
Ordne die Blöcke am Rand zu einem Energieflussdiagramm. Dieses Flussdiagramm enthält dann mehrere Stufen.

■ **A2** Elektrizität spielt heute für alle eine große Rolle. Schreibe für einen Tag genau auf, wobei du sie nutzt. Vergiss dabei nicht Tätigkeiten, die du nicht selbst ausführst, z. B. das Kochen. Überlege, ob du auf Elektrizität verzichten könntest.

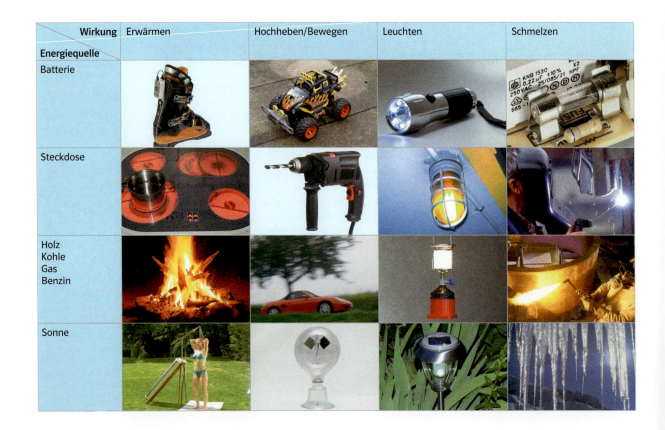

Wirkung / Energiequelle	Erwärmen	Hochheben/Bewegen	Leuchten	Schmelzen
Batterie				
Steckdose				
Holz Kohle Gas Benzin				
Sonne				

Energieübertragung im Stromkreis

Werkstatt

Lernstationen:
In nebenstehenden Lernstationen ist jeweils ein Stromkreis aufzubauen und die Energieübertragung zu untersuchen.

Station I
Die Klingel

Geräte: Netzgerät, Schalter, Kabel und Klingel

1 Setze die Klingel in Betrieb.
2 Zeichne den Stromkreis und beschreibe die Energieübertragung.

Station II
Der selbstgebaute Motor

Geräte: Batterie, Magnet, Kabel, Halterungen, Draht oder Motorbausatz

1 Baue den Motor entsprechend dem Bild auf und setze ihn in Betrieb.
2 Zeichne den Stromkreis und beschreibe die Energieübertragung.

Station III
Generator und Motor

Geräte: Generator mit Kurbel, Motor und Kabel

1 Schließe an einen Generator mit Kurbel und Getriebe einen zweiten so an, dass dieser als Motor betrieben wird.
2 Drehe die Kurbel und beobachte den Motor.
3 Zeichne den Stromkreis und beschreibe die Energieübertragung.

Station IV
Eine Batterie im Eigenbau

Geräte: Zitrone, 3 5-ct-Münzen, 3 verzinkte Unterlegscheiben, 3 Pappscheiben, 2 Scheibenmagnete, eine rote Leuchtdiode

1 Tränke die Pappscheiben mit Zitronensaft. Lege sie in der Reihenfolge: Scheibe, Pappe, Münze, Scheibe … aufeinander.
2 Schließe die Diode an die untere Scheibe (kurzes Bein) und die oberste Münze (langes Bein) an.
3 Sichere den Stapel durch die Magnete.
4 Zeichne den Stromkreis und beschreibe die Energieübertragung.

B1 Selbstbaubatterie

Energiestrom Abbildung **B2** zeigt, wie Energie in mehreren Schritten von der Sonne zum Propeller übertragen wird. Von der Solarzelle zum Motor geschieht die Energieübertragung mit Hilfe des elektrischen Stromes. Die Solarzelle dient als elektrische Quelle. Die Energie „strömt" von der Quelle zum Gerät. Man spricht vom **Energiestrom**. Dieser ist immer von der Quelle zum Gerät gerichtet und erfordert einen geschlossenen Stromkreis.

● In einem geschlossenen Stromkreis besteht ein Energiestrom von der Quelle zum Gerät.

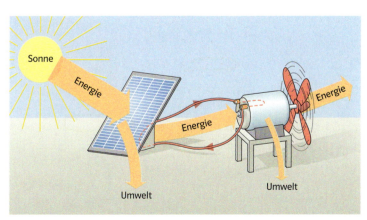

B2 Im Stromkreis wird Energie übertragen.

Elektrische Stromkreise und Energie

Werkstatt Vergleich Stromkreislauf – Wasserkreislauf

Lernmethode „Kugellager"

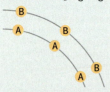

Phase I: Die Lerngruppe wird in zwei Gruppen A und B eingeteilt. Die Mitglieder der Gruppe A lesen den Text zum elektrischen Stromkreis, die von B den zum Wasserstromkreis. Jeder Schüler notiert sich Stichworte mit wesentlichen Merkmalen.

Phase II: Die Mitglieder der Gruppe A bilden einen Innenkreis, die der Gruppe B ordnen sich außen dazu und erläutern ihren Partnern den Wasserstromkreis.

Phase III: Die Mitglieder der Gruppe B rücken im Uhrzeigersinn zwei Plätze weiter und hören den Vortrag der neuen Partner zum elektrischen Stromkreis an.

Phase IV: Die Mitglieder der Gruppe B rücken erneut zwei Plätze weiter, ergänzen mit den neuen Partnern die nachstehende Tabelle B1 und beschreiben den Energiefluss im Wasser- und Stromkreislauf.

Vergleich	
Wasserkreislauf	Stromkreislauf
	Ladung
Pumpe	
Wasserrohr	
	Schalter
Wasserrad	
	Stromstärkemessgerät

B1 Wasser- und Stromkreislauf

Der Wasserstromkreislauf Mit Wasserleitungen lässt sich ein geschlossener Wasserkreislauf bauen. „Geschlossen" heißt, dass kein Wasser zugeführt wird oder verloren geht, es wird kein Wasser „verbraucht".

Eine Pumpe bringt das Wasser zum Fließen. Fließendes Wasser wird als Wasserstrom bezeichnet. Eine bestimmte Wassermenge fließt bei offenem Absperrventil in einer bestimmten Zeitspanne durch die Leitung. Mit einem Durchflusszähler wird die vorbeigeflossene Wassermenge pro Sekunde registriert. Der Wasserstrom dreht das Wasserrad.

Je stärker die Pumpe ist, desto mehr Wasser fließt in einer bestimmten Zeit durch die Leitungen und desto schneller wird das Rad gedreht. Dabei wird Energie von der Pumpe zum Gerät übertragen und dort gewandelt.

● Der Wasserstrom überträgt Energie.

Der elektrische Stromkreislauf Von Strom spricht man, wenn etwas fließt. Beim elektrischen Stromkreis sind es winzige Elektrizitätsteilchen, Elektronen, die sich durch die Leitung bewegen. Bei geschlossenem Schalter fließt eine bestimmte Anzahl von Elektronen in einer bestimmten Zeitspanne durch die Leitung. Mit einem Stromstärkemessgerät lässt sich die Anzahl der Elektronen pro Zeitspanne bestimmen. Der Strom (genauer: die Elektronen) werden nicht verbraucht. Der elektrische Strom bringt eine Glühlampe zum Leuchten. Je höher die sogenannte Spannung der elektrischen Quelle ist (z. B. 1,5 Volt, 9 Volt), desto mehr Elektronen fließen in einer bestimmten Zeit (bei sonst unverändertem Stromkreis) durch die Leitungen und desto heller leuchtet die Glühlampe. Dabei wird Energie von der Batterie zur Lampe übertragen.

● Der elektrische Strom überträgt Energie.

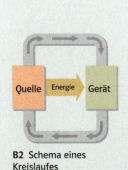

B2 Schema eines Kreislaufes

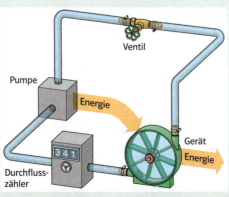

B3 Wasserkreislauf

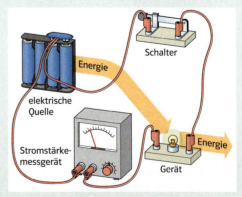

B4 Stromkreislauf

Energie beim Menschen

Rudi preist seine neueste Erfindung zum Wasserkochen an (→ **B1**): „Hier wird keine Batterie leer – das läuft immer!" „Na, dann zeig uns mal, ob das funktioniert!", fordert Nicole auf. Rudi schwingt sich auf das Rad und fährt so schnell er kann. Nach einiger Zeit kommt er ziemlich erschöpft zurück. Anita stellt fest: „Die Temperatur ist tatsächlich etwas gestiegen, aber nur wenig. Du musst noch mehr fahren." Rudi aber winkt ab: „Ich geh' jetzt erst einmal etwas essen."

Der Radkocher bezieht seine Energie vom Menschen. Rudi gibt sie über die Pedale an das Rad ab. Über den Dynamo und den Tauchsieder gelangt die Energie schließlich bis zum Wasser. Mit dem Versuchsaufbau **B2** kannst du selbst Wasser erwärmen. Auch wenn in dem Glas nur 100 ml Wasser sind, musst du doch einige Minuten lang kräftig am Dynamo kurbeln, um die Wassertemperatur auch nur um wenige °C zu erhöhen. Um auf dieselbe Weise Wasser für ein heißes Bad in der Wanne zu erwärmen, würdest du viele Stunden brauchen. Wahrscheinlich würdest du aber vorher schon vor Erschöpfung aufgeben.

Der Mensch kann nämlich Energie nicht unbegrenzt abgeben, selbst wenn er sich noch so viele Ruhepausen gönnt. Er muss zwischendurch selbst wieder Energie aufnehmen (→ **B3**). Dies geschieht über die Nahrung. Wie viel Energie in den Nahrungsmitteln vorhanden ist, hängt nicht nur vom Nahrungsmittel selbst ab, sondern auch von der Menge. Zum Vergleichen benutzt man deswegen oft 100-g-Mengen. Entsprechende Angaben findest du auch häufig auf der Verpackung (→ **B4**).

Was geschieht eigentlich mit der Nahrung im Körper? Beim Verdauen wird sie zunächst zerlegt. Einzelne Bestandteile, wie Fett und Kohlehydrate werden vom Körper „verbrannt"; allerdings erfolgt dies ganz gemächlich und ohne Flamme. Nicht verbrannte Nahrungsmittel speichert der Körper in Form von Fett; 1 g Fett enthält ungefähr 40 kJ.

Ohne diese Verbrennungsvorgänge könntest du nicht leben. Durch sie werden auch deine Muskeln in Bewegung gesetzt, dein Herz kann schlagen, du kannst atmen und du kannst dich bewegen. Wenn du deinen Körper nun stark bewegst, verbrennt er auch viel Nahrung. Entsprechend stark erwärmt er dabei über die Haut und die Atemluft die Umgebung, d.h., er gibt auch viel Energie ab. Aber selbst wenn du dich ruhig verhältst, wirkt dein Körper wie ein kleiner Heizkörper. Hausmeister stellen daher die Heizung in Klassenräumen oder anderen Räumen mit vielen Personen absichtlich etwas niedriger ein.

■ **A1** Bestimme den Energiegehalt eines Butterbrotes mit Käse.

■ **A2** Wie lange könntest du mit der Energie eines 100-g-Schnitzels joggen?

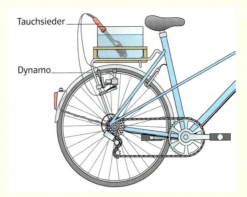

B1 Rudis Radkocher

B2 So kannst du selbst Wasser erwärmen.

B3 So viel Energie benötigst du in einer Minute.

Physik überall

Bemerkung:
Auf Packungen von Nahrungsmitteln und auf Anzeigeinstrumenten von Trainingsgeräten findet man oft noch Energieangaben in der Einheit „cal" bzw. „kcal" (Kalorien bzw. Kilokalorien). Dies ist eine alte Energieeinheit. Mit 1 kcal kann man 1 l Wasser um 1 °C erwärmen. Es gilt:
1 cal = 4,186 J bzw.
1 kcal = 4,186 kJ.

Meyers Geflügelsalat

100 g enthalten:
12 g Fett
8 g Eiweiß
9 g Kohlehydrate
745 kJ

B4

Nahrungsmittel (100 g)	kJ
Butter	3100
Zucker	1700
Schnitzel	1000
Brot	900
Kartoffeln	300
Käse	300
Wasser	0

B5

Gefährliche Schaltungen

■ **V1** Im Versuch nach Abbildung **B2** verbindet die Lehrerin oder der Lehrer die Kontakte A und B mit einem Draht. Das Lämpchen erlöscht, der Draht wird warm.

■ **V2** Wir bauen die Schaltungen nach Abbildung **B1** auf und schließen die Schalter:
In Schaltung **B1a** erlischt das Lämpchen bei geschlossenem Schalter!
In **B1b** leuchtet es immer!
In **B1c** leuchtet es nie!
In **B1d** leuchtet es bei geschlossenem Schalter.

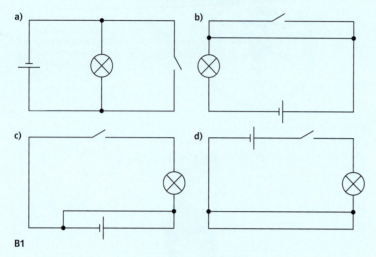

B1

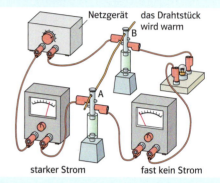

B2

Der Kurzschluss Besteht in einer elektrischen Schaltung eine direkte leitende Verbindung zwischen den Polen einer Quelle, so liegt ein **Kurzschluss** vor.

Meistens leitet diese Verbindung wesentlich besser als das elektrische Gerät. Deshalb wird der Strom in ihr so stark, dass die Quelle das Gerät nicht mehr betreiben kann: Ein Lämpchen erlischt, ein Elektromotor bleibt stehen, das Bügeleisen heizt nicht mehr, usw.

Der sehr starke Strom beim Kurzschlussstromkreis kann schlimme Folgen haben. Er kann die Zuleitungen zur Quelle und auch die Quelle selbst stark erwärmen. Vor allem bei Quellen mit hoher elektrischer Spannung führt ein Kurzschluss oft zu Funkenbildung an der Kurzschlussstelle. In der Umgebung des Leiters oder der Kurzschlussstelle kann ein Brand entstehen (→ **B3**)!

B3 Kurzschluss – die Isolierung ist durchgescheuert.

● Ein Kurzschluss entsteht, wenn zwischen den Zuleitungen zum Gerät eine weitere, besser leitende Verbindung zustande kommt.

■ **A1** Lies den folgenden Zeitungsartikel. Erkläre, wie es zum Wohnungsbrand gekommen ist.

Wohnungsbrand – Es war ein Leguan

Kamp-Lintfort. dpa. Ausgerechnet eine Steckdose hat sich ein Leguan in Kamp-Lintfort am Niederrhein als „stilles Örtchen" ausgesucht und so einen Wohnungsbrand entfacht. Das Feuer wurde schnell gelöscht.

Sicherheit im Stromkreis

In allen Häusern und vielen Elektrogeräten sind Sicherungen eingebaut. Wie funktionieren sie?

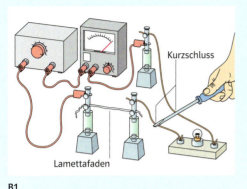

B1

■ **V1** In einem Stromkreis sind ein dünner Draht (Lamettafaden), eine Glühlampe und ein Stromstärkemessgerät in Reihe geschaltet (→ B1). Wird das Lämpchen überbrückt, also ein Kurzschluss verursacht, so glüht der dünne Draht durch und unterbricht den Stromkreis.

■ **V2** Wenn wir dem Lämpchen in Versuch **V1** immer mehr Geräte parallelschalten, zeigt das Messgerät immer größere Ströme an, bis auch hier der dünne Draht durchschmilzt.

■ **V3** Wir ersetzen das Lämpchen in Versuch **V1** durch ein Gerät, dessen Nennspannung kleiner ist als die der elektrischen Quelle. Wieder unterbricht der durchglühende Draht den Stromkreis.

Die Schmelzsicherung Nicht nur bei einem Kurzschluss wird der Strom in einem Stromkreis sehr stark. Auch durch Parallelschaltung vieler Geräte oder bei Verwendung eines ungeeigneten Gerätes kann es zu einem sehr starken Strom in den Zuleitungen von der elektrischen Quelle zum Gerät kommen. Ein dünner Draht in einer dieser Zuleitungen schmilzt bei einer solchen Überlastung durch und unterbricht so den Stromkreis.

Der dünne Draht stellt eine Schmelzsicherung dar. Man baut sie absichtlich ein, damit die Zuleitungen durch die Wärmewirkung von zu starken elektrischen Strömen nicht zu heiß werden und dadurch Brände verursachen.

● **Eine Schmelzsicherung unterbricht den Stromkreis selbsttätig bei Kurzschluss oder Überlastung.**

Schmelzsicherungen gibt es in vielen Bauformen. Außer in Häusern kommen sie z. B. auch im Auto und in Elektrogeräten vor (→ B2 oben). Damit die Schmelzsicherung selbst keinen Schaden anrichten kann, befindet sich der Schmelzdraht in einem Gehäuse aus Keramik oder Glas und ist oft noch in Sand eingebettet (→ B2 unten).

Eine durchgebrannte Schmelzsicherung darf man weder flicken noch durch irgendeinen Draht ersetzen, weil solche „Bastellösungen" den Stromkreis nicht absichern können!

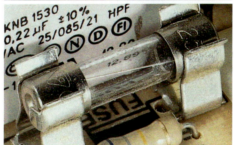

B2 Verschiedene Schmelzsicherungen (oben); Schmelzsicherung in einem Elektrogerät (unten)

B3 Sicherungsautomaten

Beachte deshalb:
1 Zuerst muss die Ursache der Störung behoben werden (Kurzschluss, Überlastung).
2 Danach muss eine neue, passende Schmelzsicherung eingesetzt werden.

Meistens werden heute in Häusern Sicherungsautomaten eingebaut, die keine Schmelzsicherungen sind (→ B3). Sie können nach Behebung der Ursache wieder eingeschaltet werden.

■ **A1** Wie muss man verfahren, wenn eine Sicherung angesprochen hat? Begründe!

B4 Schaltzeichen einer Sicherung

Elektrische Stromkreise und Energie

Physik überall — Die elektrische Anlage im Haus

Um den Strom, den die Kraftwerke uns liefern, auch für alle gleichermaßen verfügbar zu machen, muss schon beim Hausbau seine Verteilung berücksichtigt werden. Deshalb besitzt jedes Haus eine **elektrische Anlage** (→B1). Der Strom erreicht jedes Haus über ein unterirdisch verlegtes **Hausanschlusskabel**. Im Haus führt das Hausanschlusskabel zunächst unmittelbar zum **Hauptsicherungskasten** (→B3).

Die Leitungen führen dann weiter zum Kasten mit den **Zählern** und den **Wohnungssicherungen**. Bei mehreren Wohnungen in einem Haus besitzt jede Wohnung meistens einen eigenen **Sicherungskasten**. Von diesem aus führen die Leitungen über die **Verteilerdosen** zu den Steckdosen und über die Schalter zum Beispiel zu den Lampen.

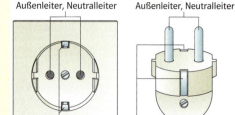

B2 Außenleiter, Neutralleiter, Schutzleiter

An jeder Verteilerdose verzweigen sich alle einlaufenden Leitungen. In den Wohnungen findest du die Verteilerdosen oft senkrecht über einer Steckdose. In jede Steckdose führen drei Kabel: der **Außenleiter**, der **Neutralleiter** und der so genannte **Schutzleiter** (→B2). Den Neutralleiter oder **Nullleiter** nennt man so,

B3 Hausanschlusskasten mit Hauptsicherungen und Elektrozähler

weil er zusätzlich **geerdet** ist – er ist leitend mit der Erde verbunden. Außenleiter und Neutralleiter sind über die elektrische Anlage des Hauses und das Hausanschlusskabel mit dem Generator im Kraftwerk verbunden.

Alle angeschlossenen Geräte sind parallel geschaltet. Geräte, die zum Betrieb einen besonders starken elektrischen Strom benötigen, wie z. B. Elektroherd und Waschmaschine, sind meist durch eigene Leitungen und Sicherungen mit dem Zähler verbunden.

Da durch die elektrische Anlage im Haus alle Wohnungen miteinander „verkabelt" sind,

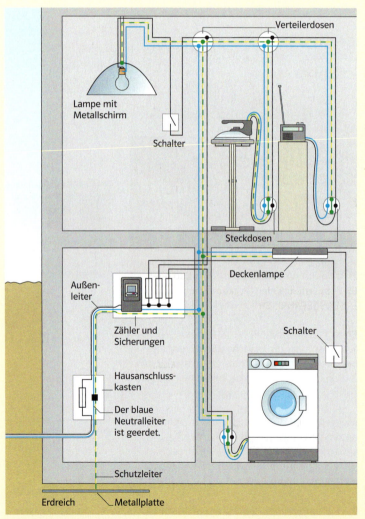

B1 Die elektrische Anlage im Haus

Physik überall

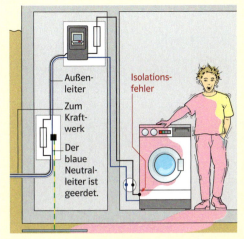

B1 Trotz Sicherung Lebensgefahr

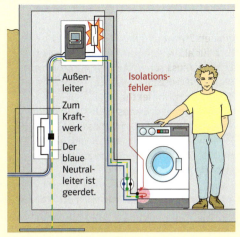

B2 Sicherheit durch Schutzleiter

besteht bei einem **Kurzschluss** die Gefahr eines **Kabelbrandes**. Ein Kurzschluss kann auftreten, wenn die Zuleitungen zu einem Stecker oder einem elektrischen Gerät unbeabsichtigt miteinander verbunden sind. Dann entsteht ein sehr großer Strom, der die Drähte und deren Isolierung stark erhitzt. Im schlimmsten Fall schmilzt die Isolierung, die Strom führenden Drähte kommen in Kontakt miteinander und das Kabel beginnt zu brennen.

Da viele Menschen aber sehr sorglos mit ihren elektrischen Geräten umgehen und häufig auch die defekten Zuleitungen nicht sofort entdeckt werden, verwendet man sogenannte **Sicherungen**. Diese haben die Aufgabe, bei einem Kurzschluss den elektrischen Stromkreis zu unterbrechen, bevor es zu weiteren Schäden oder gar einem Brand kommt.

Um die Sicherheit zu erhöhen, führen nicht nur die Steckdosen, sondern auch manche Geräte drei Leitungen. Zum Betrieb der Geräte werden aber nur die zwei notwendigen Leiter benutzt: der Außenleiter, auch **Phase** genannt, und der Neutralleiter.

Nun kann es sein, dass sich im Innern eines Elektrogerätes Kabel lösen oder dass sich die Isolierhülle von Kabeln durchscheuert. Hat das Gerät ein Metallgehäuse und kommt dieses mit dem defekten Kabel in Kontakt, besteht Lebensgefahr! Ein ahnungsloser Benutzer, der das Gehäuse anfasst, schließt mit seinem Körper über die Erde den Stromkreis zwischen Außenleiter und Neutralleiter – der Körper des Menschen ist ja ein Leiter (→ B1)!

Verbindet man aber Metallgehäuse von Elektrogeräten durch eine dritte, unabhängige Schutzleitung direkt mit der Erde und tritt jetzt ein Isolationsfehler im Gerät auf, so entsteht sofort ein Kurzschluss, der die Sicherung unmittelbar auslöst (→ B2). Dieser zusätzliche **Schutzleiter** ist leicht an der **gelbgrünen Isolation** zu erkennen. Geräte, die ein isolierendes Kunststoffgehäuse haben, brauchen keinen Schutzleiter. Sie haben Flachstecker und tragen das Zeichen für „schutzisoliert" (→ B3).

Mehr Sicherheit: FI-Schutzschalter Eine Sicherung ist nur ein vorbeugender Schutz, sie beseitigt jedoch nicht die Gefahr der Elektrizität bei direktem Kontakt: Die Sicherung unterbricht den Stromkreis erst ab einer bestimmten Stromstärke und das oft erst nach einigen Sekunden. Bei einem Menschen kann aber schon ein Hundertstel (!) dieser Stromstärke innerhalb von Bruchteilen einer Sekunde zum Tod führen! Elektrogeräte im Bad oder Experimente mit der Steckdose sind also **LEBENSGEFÄHRLICH**!

Ein **FI-Schutzschalter** reduziert die Gefahr durch die Elektrizität erheblich. Führt ein Strom über einen anderen Weg als den Nullleiter, so nennt man dies einen Fehlerstrom. Der FI-Schalter reagiert auf kleinste Fehlerströme innerhalb von Sekundenbruchteilen. Jedoch bietet er keinen hundertprozentigen Schutz, da bei sehr großen Strömen selbst dies zu lange sein kann! Leider gibt es noch heute viel zu viele Haushalte, in denen kein FI-Schutzschalter eingebaut ist.

⚡ **Sicherheitshinweis!** Berühre nie einen Verunglückten, der noch mit dem Stromkreis in Kontakt ist! Schalte zuerst den Strom ab!

B3 Zeichen für „schutzisoliert"

■ **A1** Weshalb verwendet man im Haus nicht nur zwei Kabel?

Elektrische Stromkreise und Energie **47**

Kompetenz – Verschiedene Darstellungsformen in der Physik

Sicherlich hast du schon einmal einen physikalischen Text über einen Versuch und seine Erklärung gelesen und ihn nicht sofort verstanden. Oft fällt es z. B. leichter, sich anhand eines Bildes einen Versuchsaufbau vorzustellen. Für die vollständige Erklärung des Versuchs reicht das Bild wiederum nicht aus. Je nachdem, was du über den Versuch wissen möchtest, eignen sich unterschiedliche Darstellungsformen.

Im folgenden Beispiel findest du drei verschiedene Darstellungsmöglichkeiten für den Sicherungsautomaten. Sicherungsautomaten befinden sich im Hausanschlusskasten.

Bildliche Darstellung

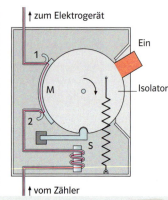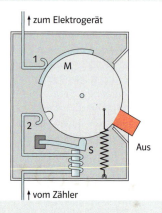

B1 Das Innere eines Sicherungsautomaten

Sprachliche Darstellung Der elektrische Strom wird im Sicherungsautomaten durch die Spule eines Elektromagneten geleitet. Ist der Strom durch Kurzschluss oder Überlastung zu stark, zieht der Magnet den Sperrhaken S nach unten. Dann kann die Feder den Hebel ganz nach unten ziehen. Jetzt verbindet der Metallstreifen M die beiden Kontakte 1 und 2 nicht mehr. Der Stromkreis ist geöffnet.

Hinweis: Bevor man die Sicherung wieder einschaltet, muss man die Ursache der Störung beseitigen, denn der Sperrhaken S würde ja gleich wieder nach unten gezogen werden!

■ **A1** Nenne Vor- und Nachteile der einzelnen Darstellungsformen.

■ **A2** In Abbildung **B1** auf Seite 31 findest du eine elektrische Klingel. Erstelle ein passendes Flussdiagramm.

Flussdiagramm

B2 Flussdiagramm

Rückblick

Auf den vorhergehenden Seiten hast du einige Versuche, neue Begriffe, Beobachtungen und Erklärungen kennen gelernt. Wenn du die folgenden Aufgaben bearbeitest, erstellst du dir selbst eine Zusammenfassung des Kapitels und kannst überprüfen, ob du das Wichtigste verstanden hast. Bist du an einer Stelle unsicher, dann schlag noch einmal nach.

1 Begriffe
Was versteht man unter
- einem Heizdraht?
- einem Kurzschluss?
- einem Schutzleiter?
- einem Energieflussdiagramm?

2 Beobachtungen
Was beobachtet man, wenn man
- die Stromstärke in einem Draht immer weiter erhöht?
- einen elektrischen Tauchsieder in einen Wasserbecher stellt?
- eine Lampe in einem geschlossenen Stromkreis kurzschließt?
- einen dicken und einen dünnen Eisendraht in Reihe schaltet?

3 Erklärungen
Erkläre und erläutere,
- wie eine Schmelzsicherung vor einer zu großen Stromstärke schützen kann.
- wie die Energie bei einem elektrischen Bügeleisen übertragen wird.
- welchen Vorteil ein Sicherungsautomat gegenüber einer Schmelzsicherung bietet.

4 Zusammenhänge
Formuliere mit eigenen Worten:
- Wovon hängt die Temperaturerhöhung eines Drahtes im Stromkreis ab?
- Wie verhält sich eine Sicherung im Normalbetrieb und bei einem Kurzschluss?
- Was geschieht im menschlichen Körper mit der Energie aus der Nahrung?

Erläutere die Erscheinungen in den folgenden Bildern und beantworte die Fragen!

B1 Welche Eigenschaft des Stromes wird genutzt?

B2 Welche Vorteile hat die Energiesparlampe?

B3 Wieso wird ein Sicherungsautomat bei einem Kurzschluss nicht zerstört?

B4 Findest du den Schutzleiter?

Beispiele

1 Energie unterwegs Zeichne ein Energieflussdiagramm für einen Tauchsieder, der Wasser erhitzt.

Lösung: siehe Energieflussdiagramm in Abbildung B5.

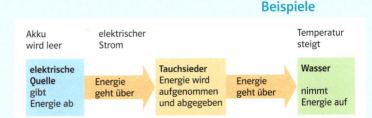

B5 Energieflussdiagramm

Elektrische Stromkreise und Energie 49

Beispiele

1 Sicherheit im Stromkreis Warum baut man Sicherungen direkt an der elektrischen Quelle in Stromkreise ein?

Lösung: Ein Kurzschluss zwischen den Zuleitungen vor der Sicherung führt nicht zum Auslösen der Sicherung! Dann könnte der starke Strom im Kurzschlussstromkreis einen Brand verursachen.

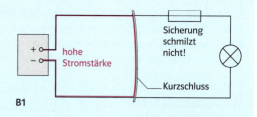

B1

Heimversuche

B2 Zu Versuch 3

1 Energie„spar"lampen Berühre vorsichtig das Glas einer Energiesparlampe. Vergleiche Helligkeit und Temperatur mit einer Glühlampe (ACHTUNG: Verbrennungsgefahr!). Was bedeutet das für die übertragene Energie?

2 Der Sicherungskasten Lass dir einmal den Sicherungskasten in eurer Wohnung zeigen. Welche Art von Sicherungen enthält er? Zeichne die Sicherungen auf und schreibe jeweils dazu, für welche Räume oder Elektrogeräte die einzelnen Sicherungen bestimmt sind.

3 Eine Schaltung wird geerdet In einer Schaltung aus Batterie und Lämpchen wird eine Zuleitung mit der Wasserleitung oder dem Heizungsrohr verbunden (→ B2). Überlege, ob das Lämpchen noch leuchtet, wenn eine Zuleitung mit einer anderen mit der Erde verbundenen Leitung verbunden wird. Baue die Schaltung nach und überprüfe deine Vermutung. Auch beim Stromnetz, an das die Haushalte angeschlossen sind, ist ein Leiter im Stromkabel, der Neutralleiter, mit der Erde verbunden. Beeinträchtigt das den Stromkreis eines Elektrogerätes?

4 Geräte ohne Schutzleiter Welche Geräte bei dir zu Hause haben ein schutzisoliertes Gehäuse? Zeichne den Stecker dieser Geräte!

Aufgaben

B3 Zu Aufgabe 4

Zu Wärmewirkung und Sicherung

1 Durch welche Teile einer Glühlampe geht der elektrische Strom? Fertige eine Zeichnung an und trage den „Strompfad" bunt ein!

2 Was geschieht in einer Glühlampe, wenn sie „durchbrennt"?

3 Das Zuleitungskabel zu einem Wasserkocher wird nicht heiß, obwohl die Heizspirale des Wasserkochers selbst hohe Temperaturen erreicht. Erkläre!

4 Hans will die Leitung so befestigen wie in Bild B3 dargestellt. Nimm dazu Stellung!

5 Erkläre die Wirkungsweise einer Schmelzsicherung!

6 Warum bestehen die elektrischen Zuleitungen zu Häusern aus besonders dicken Drähten?

7 Warum muss man einen Fehler im Leitungsnetz zuerst beheben, bevor man eine neue Sicherung einsetzt?

8 Wieso können durch Sicherungen Brände verhindert werden?

Zu elektrischer Strom und Energie

9 Nenne Energieübertragungen im Haushalt, beim Auto, beim Fahrrad? Wohin geht die Energie jeweils? Wo geht Energie in die Umgebung?

10 Der Elektrizitätszähler im Haus misst die Energie, die vom Kraftwerk angeliefert wird. Beobachte ihn, wenn jemand eine Glühlampe, ein Bügeleisen oder ein anderes elektrisches Gerät einschaltet. Was stellst du fest?

11 Zeichne ein Energieflussdiagramm für den in Bild B4 dargestellten Versuch, bei dem die Lok einen Güterwagen anschiebt.

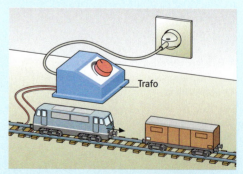

B4

Vorhaben **Das warme Haus**

Versuche in „Forschungsvorhaben" zu klären, wie Energie in ein Haus kommt.

B1 Das Haus im Winter

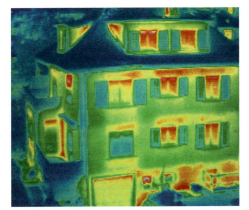

B2 Das Wärmebild des Hauses: Rot bedeutet sehr warm, blau sehr kühl.

Was wird erwartet? Wir wünschen uns im Winter ein warmes Haus. Dafür ist Energie erforderlich, die wir bezahlen müssen.

Untersuche an einem Modellhaus, wie die Temperatur im Haus von Heizung, Hauskonstruktion und Umgebung abhängt.

Erstelle als Ergebnis einer Gruppenarbeit eine kleine Broschüre mit Empfehlungen für günstige Konstruktionen.

- Formuliere dein Vorhaben genau.
- Plane deine Experimente und führe sie sorgfältig durch.
- Protokolliere zuverlässig.
- Fasse deine Schlussfolgerungen zusammen.
- Bewerte verschiedene Maßnahmen für das Ziel „günstig warm halten" kritisch.

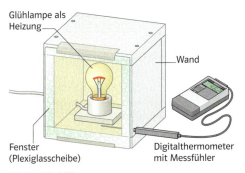

B3 Das Modellhaus

Das warme Haus

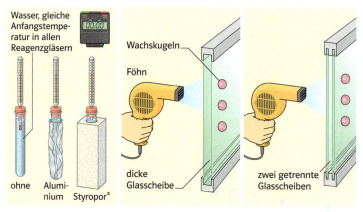

	Heizung einschalten:		Heizung ausschalten:	
	Zeit	Temperatur	Zeit	Temperatur
	10 min	…	10 min	…
	20 min	…	20 min	…
	…	…	…	…
	…	…	…	…
	…	…	…	…
	…	…	…	…
	…	…		

B1

Hilfen:
- Messergebnisse trägst du am besten in eine Tabelle ein.
- Im Diagramm kannst du sie auf einen Blick erfassen.
- Zielgerichtete gemeinsame Arbeit erfordert einen Plan:
Welchen Fragen wollen wir nachgehen?
Wer macht was?
Wie viel Zeit haben wir?
Welche Experimente sind möglich?
Welche Hilfsmittel stehen zur Verfügung?

Anregungen zum Experimentieren:

B2 Wo entweicht die Energie? Untersuche Wandmaterial und Fenster.

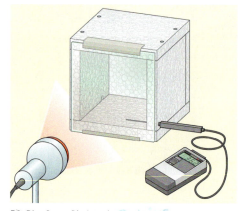

B3 Die „Sonne" heizt mit.

Sich und andere informieren Um Energie einzusparen, befinden sich an Heizkörpern Thermostatventile. Informiert euch in Gruppen über ihre Aufgaben und Funktionsweise. Dazu könnte z. B. der Hausmeister befragt werden.

Das könnte in einem Experiment passieren, wie es in Abbildung **B5** abgebildet ist.
Bei gemeinsamer Arbeit sollen am Ende möglichst alle umfassend informiert sein. Dazu müssen sich alle Gruppen geeignete Methoden zur Weitergabe ihres Spezialwissens überlegen. Ihr könnt z. B.
- Einen Bericht oder ein Protokoll schreiben.
- Einen Vortrag halten.
- Ein Experiment vorführen und erläutern.
- Ein Plakat erstellen und es erläutern.
- Eine Führung veranstalten.
- Eine PowerPoint-Präsentation erstellen.

B4 Thermostatventil

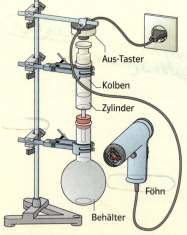

B5 So funktioniert das Thermostatventil.

Temperatur

Welche Temperatur hat das Wasser? Welche die Luft?

Online-Link
772423-0300

Die Temperatur

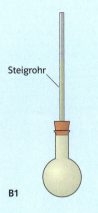

B1

B2

■ **V1** Fülle Leitungswasser in einen Becher und lass ihn eine Stunde im Zimmer stehen. Das Wasser fühlt sich kälter an als die Raumluft. Miss nun die Lufttemperatur im Zimmer und die Temperatur des Wassers. Vergleiche!

■ **V2** In je einem Gefäß ist kaltes, heißes und lauwarmes Wasser. Tauche nacheinander eine Hand ein. Du kannst die Zustände des Wassers unterscheiden. Halte jetzt längere Zeit gleichzeitig eine Hand in das heiße und die andere in das kalte Wasser und danach beide Hände in das lauwarme Wasser. Beide Hände empfinden jetzt den Zustand des lauwarmen Wassers unterschiedlich (→ B2).

■ **V3** Fülle ein kleines Glasgefäß mit sehr dünnem Steigrohr wie in Abbildung B1 so weit mit Wasser, bis es einen Teil des Steigrohres füllt. Halte das Gefäß in die Wasserschüsseln vom vorigen Versuch. Im heißen Wasser steigt die Wassersäule im Rohr, während sie im kalten Wasser eher noch etwas absinkt. Mit dieser Anordnung, die die Unterschiede des Wassers in den Gefäßen unabhängig vom Temperatursinn anzeigt, lassen sich Vergleichsmessungen durchführen. Markierungen am Steigrohr helfen dabei.

B3 Experimentierthermometer

Der Begriff „Temperatur"   Unsere Haut ist ein Sinnesorgan, mit dem wir zwischen heißen, lauwarmen und kalten Zuständen unserer Umgebung oder von Körpern, die wir berühren, unterscheiden können. Dieses Empfinden ist subjektiv, das heißt, es ist von der einzelnen Person und ihrer Erfahrung abhängig. Mehrere Menschen können sich oft nicht einigen, ob etwas heiß oder kalt ist. Nur dann, wenn etwas abgekühlt oder erwärmt wird, weichen ihre Aussagen darüber kaum voneinander ab.

Um solche Zustände unabhängig von persönlichen Empfindungen beschreiben zu können, wird eine neue physikalische Messgröße verwendet. Sie beinhaltet eine genau einzuhaltende Messvorschrift, so dass die Messgröße objektiv ist, d.h. für jedermann in gleicher Weise nachvollziehbar wird. Eine Messgröße wird mit Maßzahl und Einheit angegeben. Die Messgröße für den Zustand heiß oder kalt eines Körpers ist die Temperatur.

● Mit der Angabe der Temperatur eines Körpers wird sein Zustand, heiß oder kalt oder eine Zwischenstufe davon, objektiv beschrieben.

Thermometer   Die Temperatur eines Körpers wird mit Thermometern gemessen (→ B1 auf der folgenden Seite). Je nach Verwendung besitzen sie unterschiedliche Messbereiche; der Messbereich wird durch den niedrigsten und den höchsten Temperaturwert angegeben.

Flüssigkeitsthermometer nutzen die Ausdehnung von Flüssigkeiten aus, um die Temperatur anzuzeigen (→ S. 62). Die Flüssigkeit befindet sich in einem kleinen Vorratsbehälter, aus dem sie in ein Steigrohr steigen kann, das mit einer Skala versehen ist (→ B3).

Elektronische Digitalthermometer nutzen aus, dass unterschiedliche Materialien bei verschiedenen Temperaturen Strom besser oder schlechter leiten. Elektronische Ohr- oder Schläfenthermometer nutzen die Energie, die von der Haut des Menschen abgestrahlt wird, um die Temperatur zu messen. Flüssigkeitskristallthermometer an Aquarien oder Weinflaschen wechseln bei einer Temperaturänderung ihre Farbe und zeigen dadurch die ungefähre Temperatur an. Im Außenbereich werden außerdem Bimetallthermometer eingesetzt, bei denen eine Feder aus Bimetall ihre Form bei Temperaturänderungen verändert und dadurch einen Temperaturzeiger bewegt.

Temperaturskalen Warum wird bei Gradangaben für die Temperatur immer der Zusatz „Celsius" benutzt? Die ersten Thermometer wurden vor einigen 100 Jahren gebaut. Damals erfanden viele Forscher eine eigene Skala. Oftmals wählten sie als 0° die kälteste Temperatur eines Jahres in ihrem Wohnort. 0° in Stockholm waren demnach von 0° in Rom verschieden. Dies führte natürlich zu Unstimmigkeiten.

Der Schwede Anders Celsius (1701–1744) ersann prinzipiell folgende Möglichkeit: Die 0-°C-Marke wird am Ende des Flüssigkeitsfadens angebracht, wenn das Thermometer in schmelzendem Eis steht. Bei siedendem Wasser wird 100 °C markiert.

Zwischen diesen beiden Marken wird der Abstand in 100 gleich große Teile zerlegt. Jedes Teil entspricht 1 °C. Nach oben und unten wird die Skala gleichmäßig fortgesetzt. Temperaturen unter 0 °C werden mit einem Minuszeichen versehen, z. B. –10 °C. Die amtliche Festlegung der Skala heißt Eichung. Die Ausgangspunkte der Skala (0 °C bzw. 100 °C) nennt man Fixpunkte. Das Schmelzen von Eis und das Sieden von Wasser finden beim selben Luftdruck immer und überall bei derselben Temperatur statt; deswegen zeigen alle nach dem Verfahren von Celsius geeichten Thermometer übereinstimmende Temperaturwerte an.

Temperatur richtig messen Ein Thermometer kann die Temperatur eines Körpers nur dann richtig anzeigen, wenn der temperaturempfindliche Teil des Thermometers vollständig von diesem Körper umgeben ist. Daher ist es wichtig, sich vor der Messung zu überlegen, welche Thermometerart jeweils am geeignetsten ist. So muss die Messspitze eines elektronischen Digitalthermometers bzw. der Vorratsbehälter eines Flüssigkeitsthermometers möglichst weit in den Stoff eingetaucht werden, dessen Temperatur gemessen werden soll. Für die Messung von Oberflächentemperaturen sind diese Thermometer also nicht ohne weiteres geeignet. Hier eignen sich z. B. Ohrthermometer. Bei diesen muss man darauf achten, dass zwischen Haut und Sensorfläche des Ohrthermometers so wenig Abstand wie möglich ist. Abstrahlungen zu Seite sollten vermieden werden, da sonst eine niedrigere Temperatur angezeigt wird. Am einfachsten lässt sich die Lufttemperatur bestimmen, da die Luft an die Sensoren aller Thermometer gelangen kann.

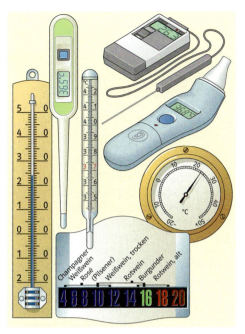

B1 Verschiedene Thermometer

Die korrekte Temperatur wird außerdem erst dann angezeigt, wenn der Messvorgang zum Stillstand gekommen ist. Elektronische Thermometer signalisieren dies durch einen kurzen Ton. Beim Flüssigkeitsthermometer muss man warten, bis der Flüssigkeitsfaden zur Ruhe gekommen ist. Außerdem muss darauf geachtet werden, dass man senkrecht von vorne abliest und wie die Skala unterteilt ist.

Andere Temperaturskalen Es gibt auch Skalen mit anderen Bezugspunkten. In den USA wird oft die Fahrenheit-Skala (→B2b) verwendet. Sie stammt von **Gabriel Fahrenheit** (1686–1736). Die Kelvin-Skala (→B2c) mit der Temperatureinheit 1 Kelvin (1 K) hat Lord Kelvin (1834–1907) vorgeschlagen. Der Nullpunkt 0 K wird auf die niedrigst mögliche Temperatur bei –273 °C gesetzt. 0 °C ist dementsprechend 273 K, negative Temperaturen gibt es in dieser Skala nicht.

■ **A1** Neben der Celsius-Skala gibt es auch andere Temperaturskalen. Recherchiere, wer diese Skalen erfunden hat und wie sie sich von der Celsius-Skala unterscheiden. Stelle deine Ergebnisse in einer Tabelle dar.

■ **A2** Häufig findet man die Formulierung: Die Raumtemperatur beträgt 20 °C. Begründe, warum der Begriff „Raumtemperatur" problematisch ist.

Das Formelzeichen für die Temperatur in Grad Celsius ist ϑ, das für die Temperatur in Kelvin ist T.

Temperaturunterschiede geben wir als $\Delta\vartheta$ in °C oder ΔT in K an.

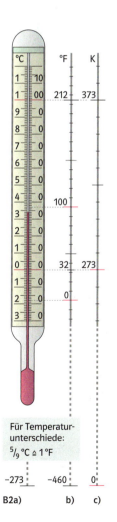

Für Temperaturunterschiede:
$5/9$ °C ≙ 1 °F

B2 a) b) c)

Temperatur **55**

Kompetenz: Diagramme erstellen

Mit einem Stövchen (→ B1) versucht man den Tee in einer Kanne warm zu halten. Um genauer zu untersuchen, in welchem Maße das gelingt, muss die Temperatur in regelmäßigen Zeitabständen gemessen werden. Mit nur einer Messung könnte man sich kein genaues Bild machen.

Nachdem nun der Untersuchungsauftrag und die Vorgehensweise feststehen, wird der Versuch durchgeführt. Dazu wird in ein Becherglas 200 ml heißes Wasser hineingegeben und einmal die Abkühlung ohne Teelicht und einmal mit Teelicht untersucht. Alle 5 Minuten wird die Temperatur abgelesen. Die Messwerte werden in einer Tabelle festgehalten (→ B2).

Die nacheinander gemessenen Thermometerstände kann man als Balken nebeneinander zeichnen (→ B3). Einfacher ist es, nur Punkte in ein Diagramm einzutragen. Verbindet man die Punkte durch eine Kurve, so kann man sogar Werte ablesen, die gar nicht gemessen wurden. Anhand solcher **Temperaturkurven** (→ B4) kann man das Versuchsergebnis am besten darstellen und auswerten.

Die Temperaturkurven zeigen, dass sich die Temperaturabnahme unter den gegebenen Bedingungen mit einem Teelicht sehr verlangsamen lässt. Nach 40 Minuten hat man noch annähernd die gleiche Temperatur wie ohne Teelicht nach 5 Minuten. Ein Gleichhalten der Anfangstemperatur gelingt aber nicht.

Weitere Fragen und Aufträge ergeben sich fast immer direkt im Anschluss an eine Untersuchung. So kann man zum Beispiel fragen: Lässt sich die Anfangstemperatur mit zwei Teelichtern halten? Wie wirkt es sich aus, wenn man weniger oder mehr Teewasser nimmt? Spielt das Material der Kanne eine Rolle? Kann ein veränderter Abstand Teelicht-Kanne eine Verzögerung der Temperaturabnahme bewirken?

■ **A1** Suche weitere Fragen!

■ **A2** Plane Versuche, um Antworten auf deine Fragen zu erhalten.

So gehen Physiker vor

Fragen stellen und Versuche planen
▼
Messwerte ermitteln
▼
Messwerte übersichtlich darstellen
▼
Auswertung und Zusammenfassung
▼
Neue Aufträge

B1 Teekanne auf Stövchen

Zeit in min	ohne Teelicht Temperatur in °C	mit Teelicht Temperatur in °C
0	70,0	70,0
5	61,0	67,5
10	55,5	66,0
15	51,0	64,0
20	47,5	63,0
25	44,5	62,0
30	42,0	61,5
35	40,0	60,0
40	38,0	59,5

B2 Messwertetabelle

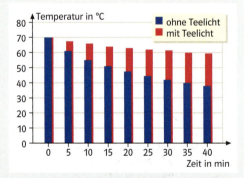

B3 Thermometerstände im Vergleich

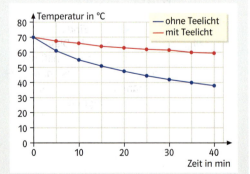

B4 Temperaturkurven

56 Temperatur

Diagramme mit dem Computer erstellen

Kompetenz

In der Physik müssen häufig Diagramme gezeichnet werden. Beim Übertragen der aufgenommenen Messwerte in eine Temperaturkurve kann es schnell passieren, dass man einen Messpunkt falsch einträgt oder man merkt, dass der Platz nicht ausreicht. Damit man das ganze Diagramm nicht jedes Mal neu zeichnen muss, verwendet man ein Tabellenkalkulationsprogramm.

Anlegen und Ausfüllen einer Tabelle Im Arbeitsbereich des Programms (→ B1) wird durch Anklicken ein Feld markiert, um den Titel aufzunehmen. Hierbei ist es egal, ob man über den Feldrand hinausschreibt, das Programm überschreibt die nächsten Felder. Unterhalb des Titels wird die Kopfzeile der Tabelle eingetragen. Hier kann es sinnvoll sein, die Spaltenränder passend zu verschieben. Man markiert dafür die gesamte Spalte durch Klicken auf den passenden Buchstaben am oberen Rand des Arbeitsbereiches.

Die Messwerte werden entsprechend der Versuchsnotizen in die passenden Zellen der jeweiligen Spalten eingetragen. Über den Befehl „Zellen formatieren", den man nach Markierung der ausgewählten Zellen über die rechte Maustaste erreicht, wird als Kategorie „Zahl" mit der gewünschten Anzahl der Dezimalstellen eingestellt.

Bei regelmäßig aufsteigenden Zahlenfolgen wie bei der Angabe der Messzeit nutzt man die automatische Ausfüllfunktion des Programms. Man markiert zwei bis drei Zellen, so dass das Programm die Art und Weise des Aufsteigens erkennen kann. Dann klickt man auf das kleine Quadrat unten rechts und zieht die Markierung bei gedrückter linker Maustaste nach unten, bis der gewünschte Wert erreicht wird (→ B2).

Erstellen eines Diagramms Sind alle Messwerte eingegeben, wählt man die Diagrammart sowie die Messdaten aus. Hier hilft der Diagramm-Assistent, der schrittweise durch die Erstellung des Diagramms führt (→ B3). Bereits im ersten Schritt wird der Diagrammtyp ausgewählt. Hier sollte weniger auf grafische Effekte geachtet werden, sondern darauf, was genau im Diagramm wichtig ist. Das Säulendiagramm wird sofort vorgeschlagen, für das Kurvendiagramm eignet sich die Kategorie „Punkte", da hier die Messpunkte durch Kurven und nicht durch Geraden verbunden werden können.

Im zweiten Schritt werden die Datenreihen benannt. Man wählt die Reihen für die y-Achse aus, benennt sie und markiert die Wertebereiche über den kleinen Tabellen-Button. Für die x-Achse werden die Zeitwerte entsprechend angegeben. In einem letzten Schritt werden die Achsen beschriftet und der Titel für das Diagramm eingegeben. Abschließend können noch Formatierungen vorgenommen werden.

Das fertiggestellte Diagramm wird entweder neben der Tabelle mit den Messwerten platziert oder erhält ein eigenes Blatt, das über Registerkarten am unteren Rand des Arbeitsbereiches aufgerufen werden muss. Durch Anklicken des Diagramms mit der rechten Maustaste können auch nachträglich alle Einstellungen, z. B. der Diagrammtyp, im Diagramm verändert werden.

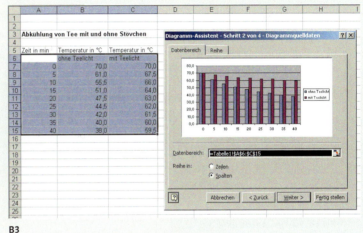

B1

	A	B	C
1			
2			
3	Abkühlung von Tee mit und ohne Stövchen		
4			
5	Zeit in min	Temperatur in °C	Temperatur in °C
6		ohne Teelicht	mit Teelicht
7	0	70,0	70,0
8	5	61,0	67,5
9	10	55,5	66,0
10	15	51,0	64,0
11	20	47,5	63,0
12	25	44,5	62,0
13	30	42,0	61,5
14	35	40,0	60,0
15	40	38,0	59,5
16			

B2

B3

Temperatur 57

Physik überall — Fieber zeigt Krankheiten an

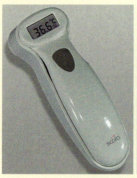
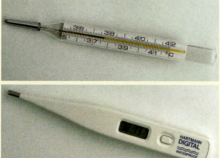
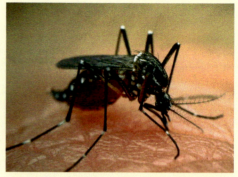

B1 Verschiedene Fieberthermometer

B2 Anopheles-Mücke

Fiebermessung Fieberthermometer sind spezielle Thermometer, um die Körpertemperatur des Menschen zu messen (→B1). Die Körpertemperatur muss auf Zehntel Grad genau gemessen werden. Der Messbereich braucht allerdings nur von 36 °C bis 42 °C zu reichen. Außer den mit Quecksilber gefüllten Flüssigkeitsthermometern, die heute kaum noch in Gebrauch sind, gibt es elektronische Thermometer mit Digitalanzeige. Sehr einfach ist die Messung der Körpertemperatur im Ohr mit einem speziellen Thermometer. Mit anderen Thermometern misst man unter der Achselhöhle oder im After.

Fieber – der Körper wehrt sich Ab einer Körpertemperatur von 38 °C spricht man von Fieber. Viele Infektionskrankheiten gehen mit Fieber einher. Die bekannteste Infektionskrankheit ist die „Erkältung", die wohl jeder schon einmal gehabt hat. Der Mensch mobilisiert durch die höhere Körpertemperatur seine Abwehrkräfte. Die Abwehrzellen können schneller zu den in den Körper eingedrungenen Krankheitserregern gelangen und diese angreifen. Außerdem verlieren viele Krankheitserreger bei der höheren Temperatur ihre Fähigkeit, sich schnell im Körper zu vermehren. Ist die Infektion vorbei, verschwindet auch das Fieber wieder. Der Fieberverlauf während der Erkrankung ist für die einzelnen Erkrankungen typisch, so z. B. bei der Malaria.

Malaria Eine sehr gefährliche Infektionskrankheit, die in subtropischen und tropischen Ländern auftritt, ist die Malaria. Weltweit gibt es jährlich zwei Millionen Tote durch Malaria. Allein in Afrika sterben jährlich 700 000 Kinder unter vier Jahren an Malaria. Damit zählt die Malaria zu den häufigsten Todesursachen weltweit. Übertragen wird die Krankheit durch Stechmückenweibchen der Gattung Anopheles (→B2), eine Moskitoart, die in tropischen Ländern vorkommt. Die gefährlichste Art der Malaria ist die Malaria tropica, bei der die Fieberkurve unregelmäßig verläuft, während bei den anderen Arten regelmäßige Fieberschübe auftreten (→B3). Ein Problem bei der Bekämpfung der Malaria ist die zunehmende Widerstandsfähigkeit der Erreger gegen bisher erfolgreiche Medikamente. Bevor man in ein tropisches Land reist, sollte man sich über das Malariarisiko und über geeignete Vorsorge informieren. Das prominenteste Opfer der Weltgeschichte ist Alexander der Große. Er starb im Jahre 323 v. Chr. in Babylon an der Malaria.

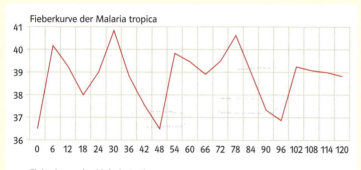

B3 Fieberkurven der häufigsten Malariaarten. Die Körpertemperatur in °C ist gegen die Zeit in Stunden aufgetragen.

Langzeitbeobachtungen

Bei naturwissenschaftlichen Versuchen müssen die Rahmenbedingungen möglichst gleich bleiben, damit man die Versuche jederzeit wiederholen kann. Im ganz großen Rahmen hat man z. B. internationale Vereinbarungen getroffen, wann welche Wetterdaten gemessen und wie sie in Tages- und Monatsdurchschnittswerte umgerechnet werden, damit weltweit das Klima in den verschiedenen Ländern verglichen werden kann.

Durchschnittstemperaturen bestimmen

Zur Bestimmung von Tagesdurchschnittstemperaturen hat man sich darauf geeinigt, die Temperaturen um 7 Uhr, 14 Uhr und um 21 Uhr zu messen und zu addieren. Der Wert um 21 Uhr wird dabei als Nachtwert doppelt gezählt. Die Summe wird durch vier geteilt, das Ergebnis ist die Tagesdurchschnittstemperatur. Um die monatliche Durchschnittstemperatur zu ermitteln, addiert man die jeweiligen Tageswerte und teilt anschließend durch die Zahl der Tage des Monats.

Anders als bei Diagrammen von Temperaturkurven kürzerer Versuche oder auch von Temperaturentwicklungen im Tagesverlauf, verwendet man häufig Säulendiagramme, um die monatlichen Durchschnittstemperaturen darzustellen. So wird deutlicher, dass es sich um stark gemittelte Werte handelt, die einzelne Tagesabweichungen nicht mehr berücksichtigen (→B1).

Selber Langzeitbeobachtungen organisieren

Langzeitbeobachtungen sind etwas ganz anderes als die vielen kurzen Versuche, die ihr bislang durchgeführt habt. Manche Veränderungen in der Natur verlaufen so langsam, dass sie erst in der Gesamtperspektive deutlich werden. Umso spannender ist es, wenn man diesen Veränderungen mit Ausdauer auf die Spur kommt.

Solche Langzeitmessungen können nicht mehr alle Schülerinnen und Schüler eurer Klasse durchführen. Die Aufgaben müssen aufgeteilt werden. Dafür müsst ihr genaue Absprachen treffen, wer was wann macht. Letztlich ist die gesamte Klasse für das Gelingen der Gesamtmessung verantwortlich.

Die folgende Checkliste kann euch bei der Planung helfen. Haltet eure Vereinbarungen schriftlich fest und hängt sie in der Klasse auf.

- Was ist unsere Leitfrage? Was wollen wir herausfinden?
- Wann und wo wird die Temperatur gemessen? Was ist mit anderen Wetterdaten (Niederschlag, Bewölkung …)?
- Was genau muss aufgeschrieben werden (Datum, Zeit, Ort, wer hat gemessen)?
- Gibt es Mess-Teams oder messen einzelne Schüler?
- Braucht ihr Ersatzschüler, falls jemand krank wird?
- Wo werden die Daten aufgeschrieben – in einem Ringbuch, auf einem Poster? (Ringbuch: austauschbare Blätter, Poster: bessere Sichtbarkeit)
- Wie lange soll die Langzeitbeobachtung laufen?
- Werden die offiziellen Wetterdaten der Wetterdienste für den Messzeitraum ebenfalls gesammelt, damit Vergleiche angestellt werden können? Wer ist verantwortlich?
- Was soll mit den Ergebnissen passieren? Gibt es eine Ausstellung?
- Sollen eure Messergebnisse mit denen aus anderen Ländern verglichen werden?

Projektvorschlag: Den Sonnenstand dokumentieren

Über das Jahr hinweg lässt sich auch sehr eindrucksvoll festhalten, dass die Sonne im Winter flacher, im Sommer dagegen sehr hoch am Himmel steht (→B2): Hierdurch ergeben sich sofort Hinweise darauf, warum im Sommer die Durchschnittstemperaturen höher sind als im Winter.

Plant gemeinsam, wie ihr den Sonnenstand und die scheinbare Bahn, auf der die Sonne jeden Tag über den Himmel zieht, dokumentieren könnt.

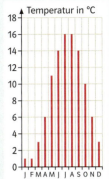

B1 Durchschnittstemperaturen im Jahresverlauf

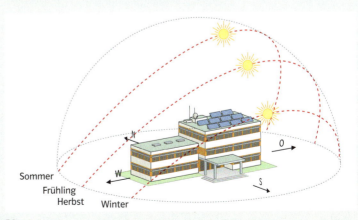

B2

Feste Körper dehnen sich aus

■ **V1** Ein Draht wird an beiden Seiten fest eingespannt und mit einem Körper beschwert (→ **B1**). Die Lage des Körpers wird markiert. Anschließend wird der Draht mithilfe einiger Teelichter erhitzt. Nach einiger Zeit sieht man, dass sich der Körper ein wenig gesenkt hat.

■ **V2** Eine Kugel aus Eisen passt genau durch die Öffnung in einem dicken Blech (→ **B2**). Nun wird die Kugel mit einem Gasbrenner erwärmt. Sie passt dann nicht mehr durch die Öffnung.

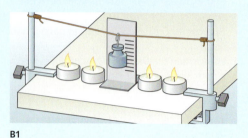

B1

B2

B3

B4

Wir ändern die Temperatur fester Körper

Wie verhält sich ein Draht, wenn man seine Temperatur erhöht?

Ein sehr kalter Wintertag. Der Fotograf hat trotz der Kälte seinen Fotoapparat ausgepackt und eine Stromleitung fotografiert. Er hat sich genau gemerkt, an welcher Stelle das Fotostativ aufgestellt wurde. Einige Monate später begibt sich der Fotograf an die gleiche Stelle. Inzwischen ist es Frühling geworden und die Sonne scheint. Der Fotoapparat wird aufgestellt und genau ausgerichtet.

Der Vergleich der Bilder **B3** und **B4** zeigt, dass irgendetwas mit der Stromleitung geschehen sein muss. Was fällt auf?

Ein Draht wird also länger, wenn man seine Temperatur erhöht. Körper werden beim Erwärmen aber nicht nur länger, sondern auch breiter und höher. Dies lässt sich gut beim Erwärmen einer Kugel wie in Versuch **V2** beobachten. Der Draht und auch andere feste Körper ändern ihre Größe erneut, wenn sie sich abkühlen. Der Draht nimmt wieder seine ursprüngliche Länge an. Die Kugel passt bei Zimmertemperatur wieder durch die Öffnung.

● **Normalerweise dehnen sich feste Körper nach allen Seiten aus, wenn man sie erwärmt. Sie ziehen sich wieder zusammen, wenn man sie abkühlt.**

■ **A1** Warum ist die Ausdehnung des Drahtes in Versuch **V1** nicht so deutlich zu sehen, wenn man nur zwei Teelichter benutzt?

■ **A2** Marvin behauptet, dass die Kugel in Versuch **V2** stecken bleibt, weil sie durch die Flamme von einer Rußschicht umgeben wurde. Erläutere, wie du untersuchen kannst, ob Marvin recht hat. Begründe, was du als Ergebnis dieser Untersuchung erwartest.

Experimente planen und durchführen

Im Experiment mit dem Draht ist die Längenausdehnung deutlich kleiner als bei der Hochspannungsleitung. Welche Größen beeinflussen die Ausdehnung?

Vermutung: Die Hochspannungsleitung hat eine größere Länge als der Draht. Aber auch das Material und der Betrag der Temperaturänderung könnten die Ausdehnung beeinflussen.

Durchführung: Bei Untersuchungen der Abhängigkeit einer physikalischen Größe, die von mehreren Größen beeinflusst wird, ist es wichtig, beim Experiment nur jeweils eine Größe zu ändern und die anderen konstant zu halten.

1. Abhängigkeit von der Temperatur des Körpers: Ein Kupferrohr mit Zimmertemperatur (20 °C) wird von Wasser mit einer Temperatur von 50 °C durchflossen (→ B1). Der Zeigerausschlag wird auf der Skala markiert. Anschließend wird der Versuch mit 80 °C warmem Wasser wiederholt. Der Zeigerausschlag ist größer.

2. Abhängigkeit von der Länge des Körpers: Der Versuch wird so abgeändert, dass die Zeigervorrichtung in der Mitte des Rohres steht (→ B2). Damit wird nur noch die Längenänderung bei halber Rohrlänge angezeigt. Der Ausschlag des Zeigers ist jeweils nur noch halb so groß wie in Versuch 1.

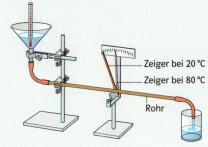

B2 Ausdehnung bei halber Länge

3. Abhängigkeit vom Stoff, aus dem der Körper besteht: Anstelle des Kupferrohrs wird ein Eisenrohr verwendet (→ B3). Die Zeigerausschläge sind kleiner als bei Versuch 1.

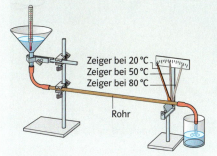

B1 Ausdehnung bei verschiedenen Temperaturänderungen

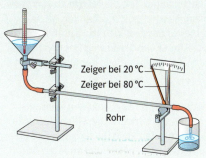

B3 Ausdehnung bei einem anderen Material

Kompetenz

So gehen Physiker vor

Beobachtung
▼
Vermutung
▼
Experiment planen
▼
Verschiedene Einflüsse der Reihe nach untersuchen, indem man eine Größe verändert und alle anderen konstant hält
▼
Ergebnisse formulieren

Unterschiedliche Ausdehnung Wie stark sich feste Körper ausdehnen, hängt von verschiedenen Größen ab. Es gilt:

● Je größer die Temperaturänderung, desto größer ist die Ausdehnung des Körpers bei gleicher Länge und gleichem Stoff.

● Je größer die Länge des Körpers, desto größer ist die Ausdehnung bei gleicher Temperaturänderung und gleichem Stoff.

● Die Ausdehnung eines Körpers hängt bei gleicher Temperaturänderung und Länge von dem Stoff, aus dem der Körper besteht, ab.

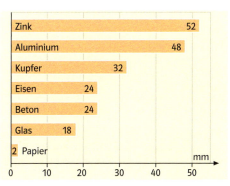

B4 So viel werden 100 m lange Stäbe bei einer Temperaturerhöhung von 20 °C länger.

Flüssigkeiten und Gase dehnen sich aus

■ **V1** Ein mit Luft gefülltes Glasgefäß wird mit einem durchbohrten Stopfen verschlossen. Durch das Loch im Stopfen wird ein Glasrohr gesteckt. Tauche das Glasrohr ins Wasser und umfasse das Glasgefäß mit beiden Händen. Aus dem Glasrohr treten Gasblasen aus (→ **B1**).

■ **V2** Zwei gleiche Gefäße mit Steigrohren werden mit Wasser bzw. mit Alkohol gefüllt (→ **B2**). Durch gleichzeitiges Eintauchen der Gefäße in ein Wasserbad wird die Temperatur der Flüssigkeiten in gleicher Weise erhöht. Die Flüssigkeitssäule beim Alkohol steigt wesentlich höher.

B1 Versuch zur Ausdehnung von Luft

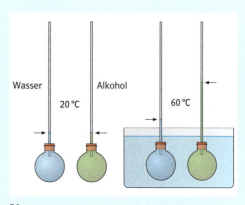

B2

Wir ändern die Temperatur von Flüssigkeiten und Gasen

Mit einer gut gekühlten leeren Flasche aus dem Kühlschrank und einer Münze über ihrer Öffnung kann man ein erstaunliches Experiment machen. Legen eine oder mehrere Personen die Hände um die Flasche, so beginnt nach einiger Zeit die Münze zu klappern, als ob ein Flaschengeist vorhanden sei. Der Grund hierfür ist, dass sich die Luft in der Flasche schon beim Erwärmen mit den Händen merklich ausdehnt und aus der Flasche entweicht.

Auch Wasser ändert sein Volumen, wenn man seine Temperatur ändert. Dieselben Beobachtungen macht man auch bei anderen Flüssigkeiten (Alkohol, Öl …) und bei anderen Gasen (Wasserstoff, Propangas …). Je mehr die Temperatur zunimmt, desto mehr vergrößern sie ihr Volumen. Bei Gasen beobachtet man die Ausdehnung sogar schon bei geringen Temperaturänderungen, z. B. bei einer Erwärmung mit den Händen (→ **B1** und **B3**).

● **Flüssigkeiten und Gase dehnen sich aus, wenn ihre Temperatur zunimmt. Nimmt die Temperatur ab, ziehen sie sich wieder zusammen.**

Um die Ausdehnung einer Flüssigkeit gut sichtbar zu machen, benutzt man oft Kolben mit schmalen **Steigrohren**. Der Kolben dient als **Vorratsbehälter** für die Flüssigkeit (→ **B4**). Wird der Kolben erwärmt, so vergrößert sich das Volumen der Flüssigkeit darin und der **Flüssigkeitsfaden** im Steigrohr wird länger. Wie hoch die Flüssigkeit in einem solchen Rohr steigt,

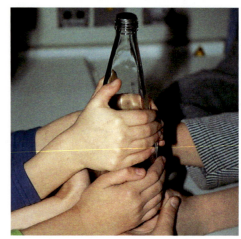

B3 Der Münzentrick

hängt auch von seinem Durchmesser ab. Bei einem dickeren Steigrohr ist das zusätzliche Volumen zwar dasselbe wie bei dem dünneren, die Steighöhe ist aber geringer.

■ **A1** Einen eingedrückten Tischtennisball kann man wieder ausbeulen, wenn man ihn mit kochendem Wasser übergießt. Erkläre!

■ **A2** Warum ist eine in der Sonne aufgepumpte Luftmatratze nachts ganz schlaff?

■ **A3** Warum sollte man im Sommer den Benzintank eines Autos nicht zu voll füllen?

■ **A4** Mit Hilfe eines Messbechers lässt sich Versuch **V1** so erweitern, dass du feststellen kannst, wie viel Luft aus dem Glasgefäß ausgetreten ist. Beschreibe den neuen Versuch.

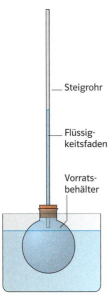

B4 Messung der Ausdehnung einer Flüssigkeit bei Erwärmung

62 Temperatur

Unterschiedliche Ausdehnung

Werkstatt

Aus einem Skatspiel zieht jeder Schüler eine Karte. Gleiche Farbwerte bilden jeweils eine Gruppe. Die Gruppenmitglieder verteilen sich auf die verschiedenen Stationen, die durch die Farben gekennzeichnet sind. Nach Durchführung der Experimente trägt jede Gruppe für sich die Ergebnisse der einzelnen Stationen zusammen. Hierbei ist jedes Gruppenmitglied dafür verantwortlich, dass jeder aus der Gruppe in der Lage ist, eine Zusammenfassung aller Ergebnisse vorzustellen.

Gruppenpuzzle

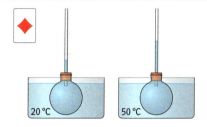

1. Erstelle eine Geräteliste und skizziere den Versuch.
2. Tauche den Kolben nacheinander in Wasserbad 1 (20 °C), danach in Wasserbad 2 (50 °C). Warte jeweils, bis der Flüssigkeitsfaden nicht mehr steigt.
3. Miss die Höhen des Flüssigkeitsfadens. Vergleiche die Werte.
4. Formuliere ein Ergebnis als „Je …, desto …"-Aussage. Begründe deine Antwort.

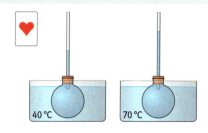

1. Erstelle eine Geräteliste und skizziere den Versuch.
2. Tauche den Kolben nacheinander in Wasserbad 1 (40 °C), danach in Wasserbad 2 (70 °C). Warte jeweils, bis der Flüssigkeitsfaden nicht mehr steigt.
3. Miss die Höhen des Flüssigkeitsfadens. Vergleiche die Werte.
4. Formuliere ein Ergebnis als „Je …, desto …"-Aussage. Begründe deine Antwort.

1. Erstelle eine Geräteliste und skizziere den Versuch.
2. Erwärme die verschieden großen Kolben in demselben Wasserbad und warte, bis der Flüssigkeitsfaden nicht mehr steigt.
3. Miss die Höhen des Flüssigkeitsfadens. Vergleiche die Werte.
4. Formuliere ein Ergebnis als „Je …, desto …"-Aussage. Begründe deine Antwort.

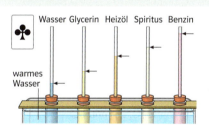

1. Erstelle eine Geräteliste und skizziere den Versuch.
2. Fülle die Reagenzgläser gleich hoch mit verschiedenen Flüssigkeiten. Erwärme sie in demselben Wasserbad und warte, bis die Flüssigkeitsfäden nicht mehr steigen.
3. Miss die Höhen der Flüssigkeitsfäden. Vergleiche die Werte.
4. Formuliere ein Ergebnis.

VORSICHT beim Umgang mit Spiritus und Benzin: Brandgefahr!

■ **A1** Das Gruppenpuzzle liefert vier Aussagen zum Verhalten von Flüssigkeiten bei verschiedenen Temperaturen. Vergleiche die Ergebnisse mit den folgenden Aussagen zur Ausdehnung von Gasen. Stelle die Gemeinsamkeiten und Unterschiede gegenüber.

Gase bei der Erwärmung Drei gleich große Kolbenprober werden mit derselben Menge Luft, Erdgas und Kohlenstoffdioxid gefüllt und mit der Öffnung nach unten in ein Wasserbad getaucht. Erwärmt man das Wasser, so werden die Kolben schon bei kleiner Temperaturerhöhung deutlich und jeweils gleich weit herausgeschoben.

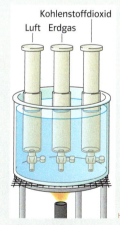

B1 Untersuchung der Ausdehnung von Gasen

Temperatur **63**

Physik überall — Kräfte bei der Ausdehnung

Wir schreiben das Jahr 219 vor Christus. „Hannibal!" ruft ein Soldat, der dem Heer als Vorhut vorauseilte, „der Weg wird immer schmaler. Ein riesiger Fels versperrt den Weg. Unsere Wagen und Elefanten werden dort nicht vorbeikommen." Der Feldherr Hannibal gibt schnell ein paar Anweisungen.

Hunderte von Meilen hat er mit seinem Heer seit dem Aufbruch in Südspanien schon zurückgelegt. Wenn er erst die Alpen überquert hat, wird er die römischen Heere schon mit Hilfe seiner Kampfelefanten besiegen – wenn er sie nur heil über die Pässe bekommt. Erst gestern ist wieder ein Elefant auf dem schmalen Pfad ausgerutscht und in die Tiefe gestürzt. „Wir sind soweit!", schreit jemand. Hannibal wird aus seinen Gedanken gerissen. Er sieht, dass seine Männer um den Fels ein großes Feuer entfacht haben. Nachdem das Feuer erloschen ist, gießen sie Schmelzwasser über den Fels. Der Fels kann nun stückweise abgetragen werden. Bald wird das Heer seinen Weg über die Alpen fortsetzen können.

Das von Hannibals Soldaten benutzte **Feuersetzen** wurde bis vor einigen Jahrhunderten angewandt, um selbst hartes Felsgestein zu zertrümmern. Bei der Temperaturzunahme dehnen sich einige Teile des Felsens stärker aus als andere. Die dabei auftretenden Kräfte führen zu Rissen im Fels. Gleiches gilt beim Abkühlen.

In **B1** siehst du ein Experiment, das die großen Kräfte beim Abkühlen zeigt. Das Mittelrohr wird erhitzt und verlängert sich deshalb ein wenig. Dadurch kann der Keil etwas weiter versenkt werden und das Mittelrohr wird stramm eingespannt. Beim anschließenden Abkühlen bricht der Eisenbolzen. **(Vorsicht vor umherfliegenden Teilen!)**

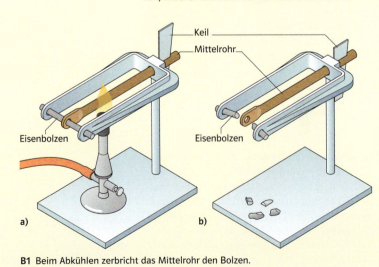

B1 Beim Abkühlen zerbricht das Mittelrohr den Bolzen.

Vermutungen durch Experimente überprüfen

Das Bimetall – eine krumme Sache? Nimm einen schmalen Streifen „Silberpapier" aus einer Kaugummipackung und halte ihn vorsichtig über eine Kerzenflamme. Er krümmt sich nach oben.

Erste Vermutung: Die warme Luft steigt von der Flamme hoch und drückt das Papier nach oben. Wenn diese Vermutung stimmt, dann müsste sich das Silberpapier auch nach oben krümmen, wenn es umgekehrt über die Flamme gehalten wird. Nach Durchführung des Experimentes stellt man fest: Dieses Mal krümmt sich das Silberpapier nach unten. Es ist daher klar, dass die Vermutung falsch war.

B1 Versuch mit dem Silberpapier einer Kaugummiverpackung

Wir experimentieren jetzt mit einem sogenannten Bimetallstreifen, der aus zwei verschiedenen Metallen, die fest zusammengefügt sind, besteht. Auch dieser krümmt sich, wenn man ihn über eine Flamme hält.

Zweite Vermutung: Die beiden Metallstreifen dehnen sich bei Temperaturerhöhung unterschiedlich stark aus. Besteht das Bimetall aus einem Aluminium- und einem Eisenstreifen, so dehnt sich der Aluminiumstreifen stärker aus. Der Bimetallstreifen biegt sich in die Richtung des Eisenstreifens (→ B2).

Für unser Anfangsexperiment erkennen wir jetzt: Das Silberpapier besteht aus zwei verschiedenen Materialien: einem Papier- und einem Metallstreifen. Bei Erwärmung dehnt sich der Papierstreifen weniger aus als der Metallstreifen. Dadurch krümmt sich das Silberpapier. Das Papier bildet die kürzere Innenkurve.

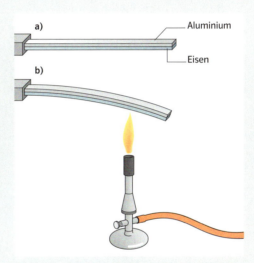

B2 Ein Bimetallstreifen besteht aus zwei verschiedenen Metallen.

In verschiedenen Geräten findet man „Bimetall-Schalter". So wird z. B. in Bügeleisen und Kaffeemaschinen die Krümmung bei Temperaturänderung eines Bimetalls genutzt, um einen Stromkreis zu öffnen bzw. zu schließen.

Stahlbeton ist ein häufig eingesetztes Baumaterial. Die Kombination der beiden Werkstoffe Stahl und Beton funktioniert aber nur deshalb so gut, weil beide bei gleicher Temperaturerhöhung die gleiche Ausdehnung haben. Hier tritt gerade nicht die beim Bimetallstreifen beobachtete Krümmung auf.

B3 Ein Bimetallthermometer besitzt einen aufgerollten Bimetallstreifen.

■ **A1** Erkläre die Funktionsweise des in Abbildung **B3** abgebildeten Thermometers.

So gehen Physiker vor

Beobachten
▼
Vermutungen zur Erklärung aufstellen
▼
Vermutungen durch Versuche überprüfen
▼
Ergebnisse mit Vermutungen vergleichen
▼
Beobachtung und Erklärung festhalten

Kompetenz — Wie funktioniert ein Thermostatventil? – Arbeiten mit Modellen

B1 Thermostatventil

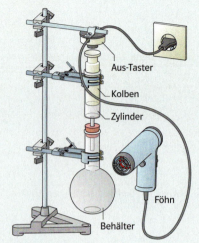

B2 Modell eines Thermostaten

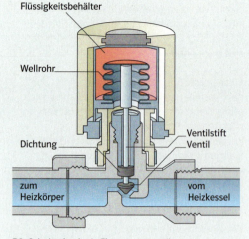

B3 Schnitt durch ein Thermostatventil

So gehen Physiker vor

Original
▼
Modell
▼
Erklärung am Modell
▼
Erklärung am Original

Viele Heizkörper besitzen so genannte Thermostatventile (→B1). Diese sorgen für eine gleich bleibende Raumtemperatur. Mit einem **Modellversuch** wollen wir ihre Funktionsweise erklären. Das Modell in Abbildung **B2** besitzt einen besonderen Schalter. Solange der Knopf des Schalters gedrückt wird, ist der Föhn ausgeschaltet.

Beobachtung: Nach dem Einstecken des Steckers läuft der Föhn. Der Kolben steigt und stößt gegen den Aus-Taster. Der Föhn geht nun aus. Der Kolben sinkt und der Föhn geht wieder an. Dieser Vorgang wiederholt sich immer wieder.

Erklärung:

→ Der Föhn wird eingeschaltet.
Die Luft im Behälter wird erwärmt.
Die Luft im Behälter dehnt sich aus.
Der Kolben wird nach oben geschoben.
Der Kolben schaltet den Föhn aus.
Die Luft im Behälter kühlt ab.
Die Luft im Behälter zieht sich zusammen.
Der Kolben sinkt nach unten.

Legt man in den Behälter ein kleines Thermometer, so stellt man fest, dass die Temperatur zunächst ansteigt, dann aber nahezu gleich bleibt. Wie kommt es dazu? Ist der Kolben erst einmal am Taster angelangt, muss der Kolben sich nur wenig bewegen, um den Föhn ein- und auszuschalten. Bereits kleine Temperaturänderungen reichen dazu aus. In dem Glasbehälter schwankt die Temperatur also nur noch geringfügig; sie ist nahezu gleich bleibend, d. h. konstant. Eine solche Vorrichtung, die die Temperatur konstant hält, bezeichnet man als **Thermostat**.

Funktionsweise des Thermostatventils
Wenn das Ventil (→B3) geöffnet ist, dringt heißes Wasser vom Heizkessel zum Heizkörper. Dadurch steigt die Raumtemperatur und die Flüssigkeit im Behälter wird erwärmt. Sie dehnt sich aus und drückt das Wellrohr wie eine Ziehharmonika zusammen. Dabei wird der Ventilstift nach unten bewegt und schließt das Ventil. Nun gelangt kein heißes Wasser mehr zum Heizkörper und die Raumtemperatur sinkt, bis das Ventil wieder geöffnet wird. Jetzt strömt erneut heißes Wasser zum Heizkörper und der gleiche Vorgang beginnt von vorn. Auf diese Weise wird die Raumtemperatur automatisch so geregelt, dass sie nahezu konstant bleibt.

Rückblick

Auf den vorhergehenden Seiten hast du einige Versuche, neue Begriffe, Beobachtungen und Erklärungen kennengelernt. Wenn du die folgenden Aufgaben bearbeitest, erstellst du dir selbst eine Zusammenfassung des Kapitels und kannst überprüfen, ob du das Wichtigste verstanden hast. Bist du an einer Stelle unsicher, dann schlag noch einmal nach.

1 Begriffe
a) Beschreibe den Aufbau eines
- Flüssigkeitsthermometers.
- Bimetallstreifens.
- Thermostatventils.

b) Was versteht man unter
- den Fixpunkten der Celsius-Skala und unter einem Grad Celsius (1 °C)?
- einer Temperaturkurve?

2 Beobachtungen
Was beobachtet man, wenn
- ein fester Körper erwärmt oder abgekühlt wird?
- gleich lange Stäbe aus unterschiedlichen Metallen gleich erwärmt werden?
- eine mit heißem Saft randvoll verschlossene Flasche abgekühlt wird?
- ein Bimetallstreifen über eine Flamme gehalten und dann gedreht wird?
- man im Schwimmbad von der warmen Dusche ins Schwimmbecken steigt?

3 Erklärungen
Erkläre bzw. erläutere,
- wie sich ein Bimetallstreifen beim Erwärmen krümmt.
- warum ein randvoll mit Wasser gefüllter Boiler beim Erhitzen tropft.
- warum sich unser Temperatursinn nicht zur Messung von Temperaturen eignet.
- weshalb man beim Ablesen eines Flüssigkeitsthermometers warten muss und nicht schräg von oben oder unten auf die Skala blicken soll.

4 Gesetzmäßigkeiten
Formuliere mit eigenen Worten einig Aussagen über die Ausdehnung von Stoffen beim Erwärmen. Beispiele:
- Je länger ein Metallstab ist, desto größer ist seine Verlängerung bei Erwärmung.
- Unterschiedliche Flüssigkeiten dehnen sich bei Erwärmung unterschiedlich aus, unterschiedliche Gase dagegen dehnen sich bei Erwärmung gleich aus.

Erläutere die Erscheinungen in den folgenden Bildern und beantworte die Fragen!

B1 Was geschieht mit dem Ballon, wenn der Heizstrahler eingeschaltet wird?

B3 Weshalb ist die Farbe am Brückengeländer abgekratzt?

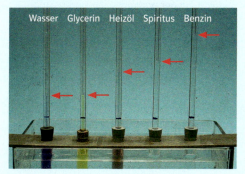

B2 Welches Phänomen zeigt der Versuch?

B4 Wodurch entstehen die Geröllhalden?

Beispiel

B1

Physik beim Spülen Nimm ein Glas aus dem heißen Spülwasser und stelle es umgekehrt auf eine glatte Fläche. Beobachte die Schaumbläschen am Rande des Glases. Beschreibe deine Beobachtung und gib eine Erklärung.

Lösung Beobachtung: Am äußeren Glasrand bilden sich kleine Bläschen; sie werden größer und platzen schließlich. Für kurze Zeit sieht man keine Bläschen; etwas später sieht man sie wieder – diesmal am inneren Glasrand.

Erklärung: Die Luft im Glas wird von den heißen Glaswänden erwärmt und dehnt sich aus. Luft entweicht unter den Glasrand, sodass sich an dessen Außenseite Bläschen bilden, größer werden und schließlich zerplatzen. Wenn die Glaswand abkühlt, sinkt auch die Temperatur der Luft im Glas. Durch die Temperaturabname zieht sich die Luft im Glas zusammen; Luft strömt von außen nach innen und bildet wieder Bläschen.

Heimversuche

1 Eine Stricknadel wird länger Verkorke zwei Flaschen so, dass die Korken ein wenig aus den Flaschenhälsen heraus schauen. Stecke nun eine Stricknadel aus Aluminium so in den einen Korken, dass sie stramm auf dem zweiten Korken aufliegt, wenn du die Flaschen wie in Abbildung B3 nebeneinander stellst. Spieße einen Strohhalm auf eine Stecknadel und klemme die Nadel zwischen Stricknadel und Korken der zweiten Flasche. Mache dir klar, welche Rolle der Strohhalm spielt.

Erhitze nun die Stricknadel mit einer Kerzenflamme (Vorsicht!). Was beobachtest du? Nimm nun die Kerze weg. Was passiert nun?

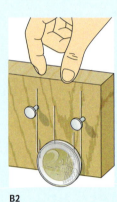

B2

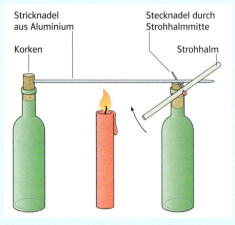

B3

2 Ein 2-Euro-Stück wird größer Schlage zwei Nägel so in ein Brett, dass ein 2-Euro-Stück gerade noch zwischen den Nägeln hindurchpasst (→B2). Erhitze nun das Geldstück mit einer Kerzenflamme. Halte es dabei vorsichtig mit einer hölzernen Wäscheklammer. Prüfe, ob das Geldstück noch zwischen den Nägeln hindurchpasst. Lass das Geldstück wieder abkühlen und prüfe erneut.

3 Ein doppelter Flaschentrick Für diesen Versuch benötigst du eine kalte, leere Flasche mit schlankem Hals. Halte sie umgedreht mit der Öffnung in Wasser und erwärme sie dabei mit den Händen. Was beobachtest du nach einer Weile? Lass die Flasche nun wieder abkühlen, ohne sie aus dem Wasser zu nehmen. Betrachte dabei den Wasserspiegel im Flaschenhals.

4 Ein Luftballon wird größer Lege einen aufgeblasenen Luftballon in den Gefrierschrank. Hole ihn nach einiger Zeit heraus und halte ihn mit beiden Händen. Du spürst dann, wie er zwischen deinen Händen größer wird.

5 Der Trick beim Eierkochen Eier werden oft vor dem Kochen am stumpfen Ende mit einer feinen Nadel gestochen. Solche Eier platzen fast nie. Beobachte ein gestochenes Ei beim Kochen.

Aufgaben Temperatur und Thermometer

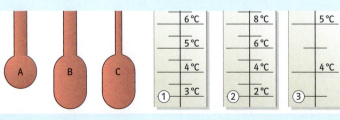

B4

1 Wie müssen Steigrohr und Vorratsbehälter eines Thermometers gebaut werden, damit man die Temperatur möglichst genau ablesen kann?

2 Von den drei Thermometern in Abbildung B4 sind die Skalen abgefallen. Welche Skala gehört zu welchem der drei Vorratsbehälter mit Steigrohr?

3 Lies bei den Markierungen der Thermometer in Abbildung **B1** die Temperaturwerte ab. Beachte dabei die unterschiedlichen Skalen.

4 Warum ist bei Fieberthermometern 37 °C besonders gekennzeichnet? Erkundige dich, ab welcher Körpertemperatur Lebensgefahr besteht?

5 Wie ist die Kelvin-Skala definiert?

Temperaturänderung und ihre Wirkung

6 Wie verhalten sich feste Körper, wenn ihre Temperatur abnimmt? Formuliere auch mit „Je ..., desto ..."!

7 Warum hängen die Fernleitungen im Sommer und Winter unterschiedlich stark durch? Beschreibe das Verhalten der Fernleitungen auch mit „Je ..., desto ..."!

8 Durch die Rohre fließen auch heiße Flüssigkeiten. Wozu dienen die Rohrschleifen?

9 Wenn man sehr heißes Wasser in ein Glas schüttet, kann es zerspringen. Fülle zur Erklärung den folgenden Lückentext aus: „Dort, wo das heiße Wasser an das Glas kommt, ... aus. An den anderen Stellen ... Das führt zu Spannungen im Glas; deswegen ... "

10 In der Abbildung **B3** siehst du, wie der Beton durch Eisenstangen verstärkt wird. Warum gibt es keine Risse, wenn sich Beton und Eisen infolge Temperaturzunahme ausdehnen?

11 Übertrage den Text in dein Heft und fülle dabei die Lücken passend aus: Oberleitungen für Elektrolokomotiven werden durch Gewichte straff gespannt (→**B4**).
Beobachtung: Die Gewichte hängen im ... tiefer als im ...

Erklärung: Im Sommer ist es ... als im ... Die Oberleitung ist deswegen im Sommer ... Daher hängen die Gewichte im Sommer ...

12 Beobachte Straßendecken aus Beton. Warum sind sie nicht ohne Fugen verlegt? Suche bei Außen- und Innenwänden von Häusern nach ähnlichen Fugen!

13 a) Wie funktioniert der automatische Feuermelder in Abbildung **B2**?
b) Der Bimetallstreifen besteht aus Zink und Eisen. Welches Material ist oben?

14 Warum darf man „leere" Spraydosen nicht ins Feuer werfen?

15 Warum soll man den Luftdruck beim Autoreifen nur im kalten Zustand prüfen?

Weitere Aufgaben

16 Warum lässt sich mit Wasser kein Thermometer für den Messbereich –10 °C bis 60 °C bauen?

17 Stelle die Vor- und Nachteile verschiedener Thermometerarten in einer Tabelle zusammen.

18 Hält man den Vorratsbehälter eines Thermometers in heißes Wasser, so sinkt der Flüssigkeitsfaden zunächst ein wenig, bevor er steigt. Erkläre.

19 Auch das Glasgefäß beim Thermometer dehnt sich bei Temperaturerhöhung aus. Dehnt es sich stärker aus als die Flüssigkeit? Begründe deine Antwort!

Eisen   Beton

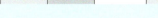

B3

Aufgaben

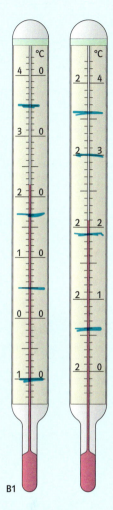

B1

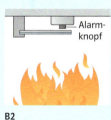

B2

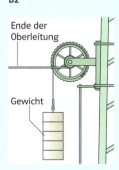

B4

Temperatur **69**

Aufgaben

20 Pendeluhren
a) Binde einen Schlüssel an einen Faden. Lass ihn bei unterschiedlichen Fadenlängen pendeln. Wann schwingt das Pendel schneller? Formuliere das Ergebnis mit Hilfe von „Je …, desto …"
b) Geht eine Pendeluhr in einem warmen Raum langsamer oder schneller als in einem kalten?
c) Wie funktioniert das Pendel des englischen Uhrmachers John Harrison?

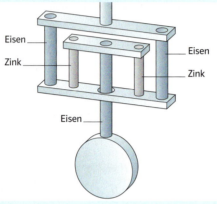

21 Stefanie schaut zu, wie ihr Vater versucht, bei seinem Auto den defekten Auspuff abzumontieren (→B1). „Jetzt habe ich schon alle Halterungen entfernt, aber die Rohre sitzen so stramm ineinander, dass sie sich nicht trennen lassen", sagt er. „Ich kenne mich zwar nicht mit Autos aus", meint Stefanie, „aber ich habe da eine Idee". Und tatsächlich, nach kurzer Zeit hat ihr Vater die Rohre ohne große Anstrengung auseinandergezogen. Welche Idee hatte Stefanie?

B1

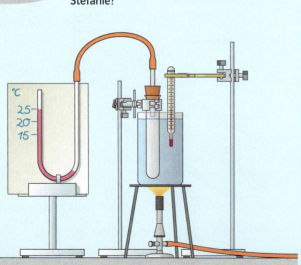
B2

22 Gisela hat eine Thermoskanne frisch gefüllt und nicht fest genug verschlossen. Für einige Minuten nimmt sie ein leises Zischen wahr. Schließlich schweigt die Thermoskanne für längere Zeit. Plötzlich aber meldet sie sich wieder mit einem noch leiseren Zischen. Erkläre, wie es zu diesem Zischen kommt.

23 Da staunte der kleine Achilles nicht schlecht. Als das Feuer einige Zeit in der Opferschale gebrannt hatte, sah er, wie sich Wein aus den Bechern der Figur auf die Schale ergoss und das Feuer löschte. „Die Götter haben das Opfer angenommen!" verkündete ein Priester.

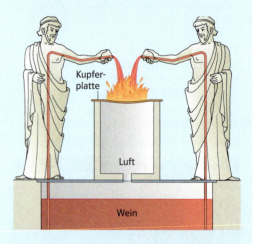

Der Altar ist von dem griechischen Baumeister Philon vor über 2000 Jahren errichtet worden. Erkläre, wie er ohne die Hilfe der Götter funktioniert.

24 Suche bei einem alten Straßenbelag nach Rissen im Teer. Wieso werden sie durch Frost breiter?

25 Beschreibe eine Methode, mit der ein selbst gebautes Flüssigkeitsthermometer mit einer Celsius-Skala versehen werden kann.

26 Gasthermometer: Die gefärbte Flüssigkeit im U-Rohr (→B2) zeigt an, wie stark das Gas sich ausdehnt.
a) Überlege, wie man mit dem abgebildeten Versuchsaufbau die Skala für das Gasthermometer erstellt.
b) Wo sollte man eine Markierung für 10 °C anbringen?
c) Wie wird die Skala bei einem engeren Rohr aussehen?
d) Kann man auch ohne ein bereits geeichtes Thermometer eine Skala für das Gasthermometer erstellen?

Temperatur und Energie

Die wärmende Wirkung eines Lagerfeuers spürt man auch noch in einiger Entfernung.
Wie kommt das?

Online-Link
772423-0400

Temperaturunterschiede und Energieströme

■ **V1** In ein Gefäß mit kaltem Wasser wird ein heißer Metallklotz gelegt und die Temperatur des Wassers gemessen. Die Temperatur des Wassers steigt an. Nun wird ein zweiter Metallklotz mit derselben Temperatur in ein Gefäß mit Eiswasser gelegt. Wieder misst man die Wassertemperatur. Diesmal bleibt sie fast unverändert, obwohl sich wie beim ersten Mal der Metallklotz deutlich abgekühlt hat.

■ **V2** Ein paar Tropfen Parfüm werden auf ein Tuch getropft, das der Lehrer in der Hand hält. Sobald die Schüler den Duft riechen, sollen sie die Hand heben. Nach einigen Sekunden melden sich die Schüler aus der ersten Reihe. Etwas später heben die Schüler der zweiten Reihe die Hand, die weiter hinten sitzenden Schüler folgen nach (→ B1).

■ **V3** In ein Glas mit heißem Wasser und in eines mit kaltem Wasser wird jeweils ein Teebeutel gehängt. Miss die Zeit und vergleiche, wie sich die Teeschlieren in den beiden Gläsern verteilen.

B1

Temperaturanstieg heißt Energieanstieg
Erhöht sich die Temperatur eines Körpers, heißt das, dass ihm Energie zugeführt wird. Dies geschieht z. B. beim Wasserkochen, beim Abbremsen mit dem Fahrrad. Der umgekehrte Schluss aber gilt nicht ohne weiteres: Nicht immer führt eine Zuführung von Energie auch zu einem Temperaturanstieg.

Ein heißer Metallklotz kühlt sich ab, wenn man ihn in ein Wasserbad legt. Die Wassertemperatur steigt dabei an. Wird der Klotz in Eiswasser gelegt erhöht sich die Temperatur des Wassers nicht. Dennoch muss er Energie an das Eiswasser abgegeben haben, da er sich deutlich abgekühlt hat. Gleichzeitig hat sich die Eismenge im Glas reduziert. Offenbar wurde die Energie benötigt, um Teile des festen, gefrorenen Wassers zu verflüssigen.

Energie, die einem Körper zugeführt wird, führt immer zu einer Veränderung des Körpers, auch wenn man diese nicht sofort erkennt.

● **Der Energiestrom fließt von allein immer vom heißen zum kalten Körper, bis kein Temperaturunterschied mehr vorliegt.**

Energie und Teilchenbewegung
Gelöster Zucker verteilt sich viel leichter in heißem Tee als in kaltem. Ebenso verteilen sich die Schlieren, die entstehen, wenn man Teebeutel in Wasser hängt, viel leichter im gesamten Glas, wenn das Wasser eine hohe Temperatur hat. Bei kaltem Wasser sammeln sich die Schlieren langsamer und sinken auf den Boden hinab, ohne sich zu verteilen (→ B2).

B2 Teebeutel in warmem Wasser (links) und in kaltem Wasser (rechts)

Die beobachteten Verteilbewegungen von gelöstem Zucker und Teeschlieren lassen sich als Hinweis darauf deuten, dass das Wasser aus kleinen Teilchen besteht, die in ständiger Bewegung sind. Je höher die Wassertemperatur ist, desto stärker bewegen sich die Teilchen. Den Vorgang dieser ständigen Durchmischung der Teilchen bezeichnet man als **Diffusion**. Auch Gase und feste Körper weisen diese Teilchenbewegung auf: Bei Gasen ist sie sogar noch stärker ausgeprägt, so dass z. B. der Duft eines Parfüms sich von selbst im gesamten Raum ausbreiten kann.

Führt man einem Körper Energie zu, so verstärkt sich die Teilchenbewegung. Verändert sich dabei der Zustand des Körpers nicht, ergibt sich daraus sofort eine Temperaturerhöhung. Kommt es dagegen zu einer Zustandsänderung von fest zu flüssig oder von flüssig zu gasförmig, erhöht sich die Temperatur nicht weiter – die Energie verstärkt aber auch hier die Teilchenbewegung.

■ **A1** Tom behauptet: „Egal, wie heiß der Tee ist, man muss nur kräftig genug rühren, dann verteilt sich der Zucker auch so." Stelle Argumente für und gegen Toms Behauptung zusammen und begründe, ob Tom Recht hat.

Aufbau von Stoffen

■ **V1** Ein Glas wird mit Eiswürfeln mindestens bis zum Rand gefüllt. Nach einer halben Stunde ist das Eis geschmolzen. Das Wasser füllt das Glas jetzt nur noch zum Teil. Nach einigen Tagen ist das Glas leer und das Wasser vollständig verdunstet. Wie lässt sich das Verhalten des Wassers im Glas erklären?

Teilchenmodell Körper lassen sich in kleinere Bestandteile zerlegen. So kann man z. B. Kandiszucker (→ B1a) mit dem Hammer in kleinere Zuckerstücke teilen. Mit dem Auge lassen sich die einzelnen Zuckerkristalle erkennen (→ B1b). Zerreibt man diese Kristalle in einem Mörser in noch kleinere Bestandteile, so erhält man ein weißes Pulver. Betrachtet man den Puderzucker mit dem Auge, sind die Zuckerkristalle nicht mehr sichtbar (→ B1c). Mit Hilfe einer Lupe kann man wieder die Form der Kristalle sehen. Löst man den Puderzucker in Wasser auf, verschwindet scheinbar der Zucker (→ B1d).

Betrachtet man einen Tropfen der Zuckerlösung unter einem Mikroskop, kann man keine Strukturen des Zuckers erkennen. Der vorhandene Zucker hat sich in kleinste **Teilchen** aufgelöst. Diese sind so winzig, dass sie selbst unter einem Mikroskop nicht mehr sichtbar sind.

Diese Vorstellung vom Aufbau der Körper aus Teilchen bezeichnet man als **Teilchenmodell**. Dabei ist es unwichtig, wie die Teilchen dargestellt werden.

● Man stellt sich vor, dass Körper aus sehr kleinen unteilbaren und unzerstörbaren Teilchen bestehen. Alle Teilchen eines Reinstoffes sind untereinander vollkommen gleich.

Verhalten der Teilchen In **festen Körpern** sind die Teilchen eines Stoffes mit ihren Nachbarn stark verbunden und oft auch regelmäßig angeordnet. Die Teilchen bleiben an einem festen Platz und schwingen nur um diesen Ort.

In **flüssigen Körpern** gibt es keine regelmäßige Anordnung der Teilchen. Die Teilchen eines Stoffes können beliebig gegeneinander verschoben werden, bleiben aber eng beieinander.

In **gasförmigen Körpern** sind die Abstände zwischen den Teilchen des Stoffes groß und sie können sich frei im Raum bewegen. Dabei stoßen sie mit anderen Teilchen des Gases und mit den Teilchen der Gefäßwand zusammen.

feste Gestalt, festes Volumen | keine feste Gestalt, festes Volumen | keine feste Gestalt, kein festes Volumen

B2 Fester, flüssiger und gasförmiger Stoff im Teilchenmodell

B1a Kandiszucker

B1b Sichtbare Kristalle

B1c Puderzucker

B1d Zuckerlösung

▶ S.131 Struktur der Materie

Bratfett bei verschiedenen Temperaturen

■ **V1** Wenn man im Sommer einen Hasen aus Wachs (linkes Foto) auf der Fensterbank stehen hat, kann er am Ende des Sommers wie im rechten Foto aussehen. Wie kommt die ungewöhnliche Form zustande?

Kannst du die Veränderungen auch mit den neuen Begriffen auf dieser Seite formulieren?

Änderung der Aggregatzustände Den Stoff Wasser kennen wir in drei verschiedenen Erscheinungsformen: fest, flüssig und gasförmig. Bei erhitztem Bratfett kommen sogar alle drei Aggregatzustände gleichzeitig vor! Erwärmt man festes Bratfett, geraten seine Teilchen in immer stärker werdende Schwingungen. Die enge Anordnung der Teilchen, die bei festem Fett vorliegt, wird durch die stärkeren Schwingungen aufgehoben. Diesen Vorgang nennt man **Schmelzen**. Die Teilchen sind jetzt nur noch lose aneinander gebunden und gegeneinander verschiebbar. Das Fett ist jetzt flüssig, es fand ein **Phasenübergang** statt. Bei weiterer Erwärmung verstärken sich die Bewegungen, bis sich die Wechselwirkungen zwischen den Teilchen vollständig auflösen. Diesen Vorgang bezeichnet man als **Verdampfen**. Das Fett tritt jetzt in Form von unsichtbarem gasförmigen Fettdampf auf.

Beim Abkühlen kehren sich diese Vorgänge um. Durch die langsamer werdenden Bewegungen bilden sich wieder schwache Wechselwirkungen zwischen den Teilchen aus. Diesen Vorgang nennt man **Kondensieren**. Das weitere Abkühlen des flüssigen Fettes bewirkt letztendlich das Entstehen einer festen Gitterstruktur. Man sagt, das flüssige Fett ist durch **Erstarren** zu festem Fett geworden.

Für den Übergang des Verdampfens von flüssigem Fett gibt es zwei Möglichkeiten. Der Vorgang, der bei der sogenannten Siedetemperatur stattfindet, heißt **Sieden**. Ein Beispiel wäre das Verdampfen des Wassers beim Kochen bei 100 °C auf dem Herd, gut beobachtbar durch die aufsteigenden Gasblasen. Geschieht dieser Vorgang unterhalb der Siedetemperatur, so nennt man den Übergang **Verdunsten**. Das Verschwinden von Pfützen auf wasserundurchlässigem Untergrund oder von Parfüm auf der Haut sind dafür Beispiele.

● **Den Übergang zwischen den einzelnen Aggregatzuständen bezeichnet man allgemein als Phasenübergang.**

■ **A1** Stelle auf einem Poster zusammen, wo Aggregatzustandsänderungen in Natur und Technik auftreten.

■ **A2** Erkläre mit dem Teilchenmodell, warum flüssiges Bratfett mehr Platz im Topf beansprucht als festes.

B1 Die Aggregatzustände des Bratfetts

Regelwidriges Verhalten bei Wasser

Physik überall

Hast du dich schon einmal gefragt, wie Fische in einem zugefrorenen Teich überleben können? Im Winter kühlt sich das Wasser an der Oberfläche eines Teichs ab und zieht sich zusammen. Dadurch passt in ein festes Volumen, z. B. einen Würfel, mehr Wasser hinein als vor der Abkühlung. Das Wasser in diesem Volumen wird deshalb schwerer und sinkt nach unten. Anderes, wärmeres Wasser steigt nach oben und nimmt seinen Platz ein. Langsam nimmt so die Temperatur des gesamten Wassers im Teich ab. Das geschieht so lange, bis der ganze Teich eine Temperatur von 4 °C erreicht hat. Von dieser Temperatur an sinkt das kühlere Oberflächenwasser nicht mehr ab: Dies liegt daran, dass sich das Verhalten von Wasser ab dieser Temperatur von dem Verhalten anderer Flüssigkeiten unterscheidet. Kühlt man Wasser unter 4 °C ab, so dehnt es sich wieder aus (→ B2). Dies nennt man Anomalie des Wassers (anomal = gegen die Regel).

Kühlt sich also das Oberflächenwasser unter 4 °C ab, dehnt es sich wieder aus. Dadurch wird es leichter und sinkt nicht mehr nach unten. So kann der Teich an der Oberfläche gefrieren, während Fische auf seinem Grund genügend 4 °C warmes Wasser vorfinden, um zu überleben (→ B1).

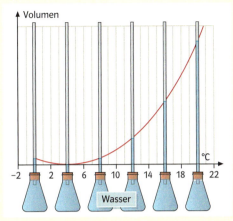

B2 Anomalie des Wassers

B3

Wasser hat außer der Anomalie (s.o.) noch einen weiteren Sonderfall zu bieten: Genau bei 0 °C, wenn Wasser gefriert, dehnt es sich extrem aus. Dies kann zu schweren Schäden führen: So können z. B. Rohre platzen, Straßen können aufbrechen, wenn das Wasser sich beim Gefrieren ausdehnt. Deswegen müssen Wasserleitungen, die auch im Winter betrieben werden sollen, tief in die Erde verlegt werden; hier sinkt die Temperatur fast nie unter 0 °C. Andere Leitungen werden vor Einbruch des Winters geleert. Aber auch im alltäglichen Leben kannst du davon betroffen werden. Vielleicht ist dir schon einmal eine Sprudelflasche im Eisfach geplatzt (→ B3).

B1 Ein Teich im Sommer und im Winter

Temperatur und Energie 75

Temperaturverlauf bei Aggregatzustandsänderungen

■ **V1** Pulverisiertes Fixiersalz in einem Reagenzglas wird im heißen Wasserbad erwärmt, bis es schmilzt (→ **B1**). In Abständen von jeweils einer Minute wird die Temperatur des Fixiersalzes gemessen. Anschließend lässt man das Fixiersalz unter ständigem Umrühren abkühlen, bis es erstarrt, und misst erneut jede Minute die Temperatur. Den Temperaturverlauf zeigt das Diagramm **B3**.

■ **V2** Wasser wird in einem Becherglas erwärmt. Alle 30 Sekunden wird seine Temperatur gemessen (→ **B2**). Anschließend wird das Experiment mit Petroleum wiederholt. Die beim Experiment gemessenen Temperaturverläufe zeigt das Diagramm **B4**.

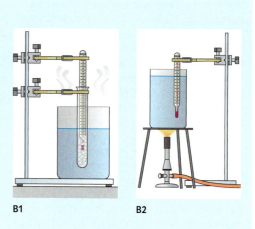

B1   B2

Schmelzen und Erstarren Um Fixiersalz zu schmelzen, muss ihm Energie zugeführt werden. So lange das Fixiersalz schmilzt, also sowohl in fester als auch in flüssiger Form vorhanden ist, ändert sich die Temperatur nicht. Diese Temperatur heißt **Schmelztemperatur**. Entzieht man dem flüssigen Fixiersalz Energie, so erstarrt es bei seiner **Erstarrungstemperatur**. Schmelz und Erstarrungstemperatur sind gleich. Dies gilt für alle festen Körper.

Mit steigender Temperatur schwingen die Teilchen im Festkörper immer stärker. Sobald die Schmelztemperatur erreicht ist, können die Teilchen ihre festen Plätze verlassen – der Festkörper schmilzt. Die zugeführte Energie wird benötigt, um die starre Anordnung der Teilchen aufzulösen. Solange der Festkörper noch nicht ganz geschmolzen ist, steigt daher die Temperatur nicht weiter. Beim Erstarren laufen die Vorgänge entsprechend umgekehrt ab.

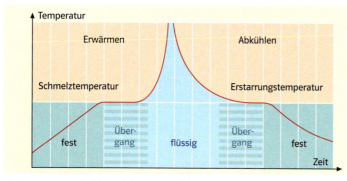

B3 Temperaturverlauf beim Schmelzen und Erstarren von Fixiersalz

Verdampfen und Kondensieren Um eine Flüssigkeit zu verdampfen, muss ihr Energie zugeführt werden. Solange die Flüssigkeit verdampft, ändert sich ihre Temperatur nicht. Diese Temperatur heißt **Siedetemperatur**.

In Flüssigkeiten bewegen sich die Teilchen unterschiedlich schnell. Beim Sieden bilden im Inneren der Flüssigkeit viele schnelle Teilchen eine Gasblase. Diese steigt in der Flüssigkeit auf und entlässt die Teilchen in die Umgebung. Die zugeführte Energie wird benötigt, um die schwache Wechselwirkung zwischen den Teilchen der Flüssigkeit ganz aufzulösen. Solange die Flüssigkeit noch nicht vollständig verdampft ist, kann daher die Temperatur nicht weiter steigen. Beim Kondensieren laufen die Vorgänge entsprechend umgekehrt ab.

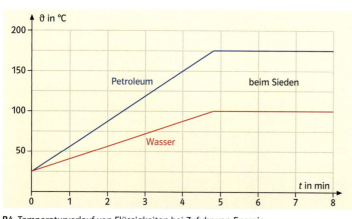

B4 Temperaturverlauf von Flüssigkeiten bei Zufuhr von Energie

Temperatur und Energie

Temperaturänderung durch Mischen

■ **V1** Erwärme einen Quader aus Aluminium (m_{Al} = 30 g) in Wasser auf 70 °C. Lege ihn dann in Wasser (m_W = 40 g), das 20 °C hat. Miss die Temperatur des Wassers. Sie steigt auf 27 °C.

■ **V2** Ein kleiner Erlenmeyerkolben wird in einen Becher gestellt. In den Erlenmeyerkolben füllt man 100 ml Wasser von 60 °C und in den Becher 200 ml Wasser von 25 °C. Misst man in regelmäßigen Abständen die Temperatur, so stellt man fest, dass sich das kalte Wasser erwärmt und das warme Wasser abkühlt, bis beide die gleiche Temperatur haben (→ B1).

■ **V3** Wiederhole den vorangegangenen Versuch. Aber diesmal schüttest du das warme Wasser direkt in den Becher mit dem kalten Wasser. Rühre kurz um und miss die Temperatur des Gemisches. Wie am Ende von Versuch 2 erhältst du rund 35 °C.

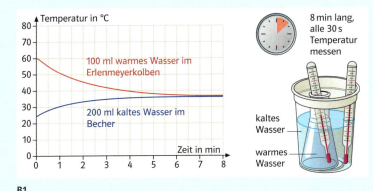

B1

Temperaturausgleich Taucht man einen erwärmten Aluminiumklotz in kälteres Wasser, so sinkt seine Temperatur, die des Wassers steigt (→ B2). Dies gilt allgemein.

● **Körper mit unterschiedlicher Temperatur gleichen diese nach Berührung aus.**

Dabei nimmt die Temperatur des Körpers mit der höheren Temperatur immer ab, die des anderen zu. Die Ausgleichstemperatur liegt daher immer zwischen den beiden Temperaturwerten.

Um die Temperatur eines Körpers zu erhöhen, muss man ihm Energie zuführen. Soll ein Körper abgekühlt werden, muss er Energie abgeben.

Berühren sich zwei Körper mit unterschiedlichen Temperaturen, so geht also Energie vom wärmeren zum kälteren Körper über. Dieser Ausgleich geschieht von ganz alleine.

Die Teilchen des Körpers mit höherer Temperatur bewegen sich heftiger als die Teilchen des Körpers mit niedriger Temperatur. Berühren sich die beiden Körper, so stoßen die Teilchen des heißen Körpers gegen die Teilchen des kalten Körpers. Dadurch bewegen sich die Teilchen des kalten Körpers immer heftiger; seine Temperatur steigt. Die Teilchen des heißen Körpers werden dagegen immer langsamer; die Temperatur sinkt.

Besonders schnell funktioniert der Temperaturausgleich bei zwei Flüssigkeiten. Man spricht in diesem Fall von **Mischen**. Die Temperatur, die man nach dem Mischen zweier Flüssigkeiten misst, heißt **Mischungstemperatur**.

■ **A1** Beschreibe, wie man am Wasserhahn angenehm temperiertes Wasser erhält. Überlege dazu, wie der Wasserzulauf (→ B3) an einem Waschbecken funktioniert.

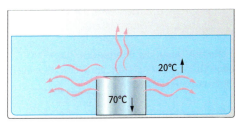

B2 Der Aluminiumwürfel (70 °C) gibt Energie an das Wasser (20 °C) ab.

B3 Wasserzulauf an einem Waschbecken

Temperatur und Energie

Energietransport in Materie

B1 Zu Versuch 1

■ **V1** Um eine Münze ist ein Baumwollstofftuch straff gespannt. Man gibt einige Tropfen Brennspiritus auf das Tuch und zündet ihn an (**VORSICHT! Brandgefahr**). Das Tuch verkohlt höchstens dort, wo es nicht dicht an der Münze anliegt (→B1).

■ **V2** Stelle Löffel aus Silber, Stahl und Plastik in eine Tasse. Befestige Erbsen mit etwas Butter an den Löffeln (→B2). Gieße heißes Wasser in die Tasse und decke sie möglichst gut ab, so dass kein Wasserdampf an die Erbsen gelangt. Notiere, in welcher Reihenfolge die Erbsen herunterfallen.

B2 Zu Versuch 2

Wärmeleitung Erhitzt man eine Metallstange an einem Ende, so stellt man am anderen Ende nach einiger Zeit eine Erwärmung fest. Ähnliches beobachtet man auch bei anderen festen Körpern, Flüssigkeiten und Gasen.

● **Wenn die Temperatur bei einem Körper an einem Ende erhöht wird, dann steigt sie auch am anderen Ende.**

Abbildung **B3** macht deutlich, wie dies geschieht: Die heißen Gasteilchen der Flamme stoßen an die Teilchen des Metallstabes und versetzen diese in starke Schwingungen. Die Temperatur am Stabende A steigt. Die jetzt stark schwingenden Teilchen des Stabendes übertragen diese Schwingung wiederum auf benachbarte Teilchen, sodass nach einer gewissen Zeit auch die Teilchen bei B heftig schwingen und damit auch dort die Temperatur gestiegen ist. Jeder erwärmte Bereich gibt also selbstständig Energie an kältere Nachbarbereiche ab und erhöht dadurch deren Temperatur. So wird Energie jeweils weitergereicht.

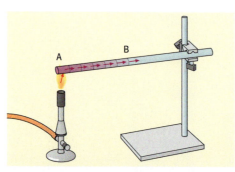

B3 Die Stange transportiert Energie von A nach B.

Diese Art des Energietransports zwischen Bereichen unterschiedlicher Temperatur nennt man **Wärmeleitung**.

Der umgekehrte Fall, dass selbstständig Energie von kälteren in wärmere Bereiche transportiert wird, also der kalte Bereich noch kälter und der warme Bereich noch wärmer wird, wurde noch nie beobachtet.

● **Die Erfahrung zeigt: Selbstständig wandert Energie immer nur vom wärmeren Teil zum kälteren, niemals umgekehrt.**

Beim Kühlschrank wird zwar Energie vom kälteren Innenraum zum wärmeren Außenraum transportiert; dieser Vorgang läuft aber nicht selbstständig ab.

Versuch **V2** zeigt, dass zunächst die untersten Erbsen und erst dann die darüber liegenden Erbsen abfallen. Dies bestätigt die Vorstellung vom Energietransport in den Löffeln. Zusätzlich stellt man fest, dass die Erbsen beim Silberlöffel früher herunterfallen als beim Stahllöffel; beim Plastiklöffel muss man noch länger warten, bis die erste Erbse fällt. Wie schnell die Energie transportiert wird, hängt neben dem Abstand auch vom Material ab.

● **Metalle leiten die Energie gut; dagegen leiten Holz und Kunststoff, vor allem aber Luft die Energie schlecht.**

■ **A1** Warum stellte man früher Löffel in ein Glas, das mit einer heißen Flüssigkeit gefüllt werden sollte?

Temperatur und Energie

Unterkühlung und Verbrennung

Physik überall

„Setz' dich nicht auf die kalten Steine!" Sicher hast du das schon von deinen Eltern hören müssen, wenn du im Winter draußen gespielt hast. Warum ist dies nur so gefährlich? Stein transportiert die Energie rasch aus dem wärmeren Körper ab. So kann es schnell zu einer Unterkühlung kommen. Glücklicherweise helfen unsere Sinne dabei, solche Gefährdungen zu vermeiden. Bei gleich niedriger Temperatur fühlen sich Körper, die die Energie schnell transportieren, nämlich kälter an.

Du kannst selbst ausprobieren, dass Körper, die die Energie besser leiten, sich kälter anfühlen: Wenn du einen Styropor- und einen Eisenblock in den Kühlschrank stellst, haben sie nach einigen Stunden dieselbe niedrige Temperatur. Fasst du sie anschließend an, fühlt sich der Eisenblock erheblich kälter an als der Styroporblock (→ B1 und B2). Die Sinne unterscheiden also weniger die Temperaturen als vielmehr, wie schnell die Energie aus der Haut transportiert wird. Die Tabelle in B3 gibt für verschiedene Materialien an, um wievielmal schneller sie im Vergleich zur Luft die Energie abtransportieren.

Dies erklärt auch, warum dir Badewasser von 21 °C bedeutend kälter vorkommt als Luft von 21 °C: Wasser transportiert die Energie besser als Luft (→ B3). Wenn du dich einige Zeit in solchem Wasser aufhältst, bekommst du blaue Lippen oder andere Unterkühlungserscheinungen. Du musst dann das Wasser zügig verlassen. Auf ähnliche Weise warnen uns die Sinne auch vor Verbrennungen an heißen Gegenständen. Wasser von 50 °C schadet dem Menschen mehr als Luft von 50 °C. Man empfindet allerdings auch solches Wasser heißer als Luft gleicher Temperatur. Du kannst es selbst beim Spülen mit heißem Wasser überprüfen (**VORSICHT!** Bei Wassertemperaturen von mehr als 50 °C kannst du dir die Hände verbrühen!). Die Luft im Spülschaum hat die gleiche hohe Temperatur wie das Spülwasser. Halte deine Hand einmal dicht über das Wasser in den Schaum (→ B4). Es wird dir nicht besonders heiß vorkommen. Wenn du die Hand dann ins Wasser tauchst, scheint es heißer zu sein als der Schaum (→ B5).

Wie aber verhält man sich, wenn man sich nun doch einmal „verbrannt" hat? Um den Schaden zu begrenzen, muss man die überschüssige Energie in der Haut möglichst rasch loswerden. Bei nicht zu starken Verbrennungen an Armen oder Beinen solltest du diese sofort für längere Zeit (20–30 Minuten) unter fließendes kühles Wasser halten oder Kühlelemente auflegen und anschließend den Arzt aufsuchen.

Schau auch in einem Buch über Erste Hilfe nach und lies einmal den Abschnitt über Verbrennungen und Verbrühungen.

Die Zahlen geben an, wievielmal besser als bei Luft die Energie transportiert wird:	
Luft	1
Mineralwolle	1,5
Styropor	1,8
Kork, Federn	2
Papier	5
Holz	6–12
Wasser	10
Fensterglas (Isolierverglasung)	35
Ziegeln	35
Stein	40
Glas	50
Stahlbeton	760
Stahl	1800
Aluminium	8600
Kupfer	16 600
Silber	18 000

B3 Wie gut wird die Energie transportiert?

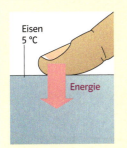
B1 Sinne melden: „sehr kalt"

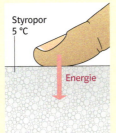
B2 Sinne melden: „kaum kalt"

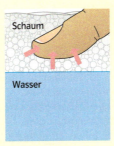
B4 Sinne melden: „kaum warm"

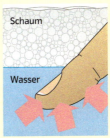
B5 Sinne melden: „sehr warm"

Temperatur und Energie

Energietransport mit Materie

B1 Der Ritter probiert zwei Möglichkeiten, sein Bett vorzuwärmen.

■ **V1** Energie kann auf verschiedene Weise transportiert werden. Der Ritter in Abbildung **B1** zeigt zwei verschiedene Arten. Wie wird das Bett schneller warm?

■ **V2** Nähere deine Hand einer Kerzenflamme einmal von der Seite und einmal von oben (**VORSICHT!**). Was stellst du fest?

■ **V3** Wird das Wasser in dem Rohr in Abbildung **B2** an einer Stelle erwärmt, fängt es an zu kreisen. Dies wird durch ein Färbungsmittel angezeigt. Was geschieht, wenn das Rohr an der anderen Ecke erwärmt wird?

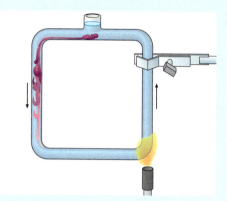

B2 Die Pfeile zeigen die Wasserströmung.

Wärmemitführung Bei unserem Ritter (→ **B1**) werden die Ziegelsteine im Feuer erhitzt. Sie nehmen dabei Energie auf. Der Transport der Ziegelsteine in das Bett überführt diese Energie. Da die Ziegelsteine bewegt werden müssen, nennt man diese Art von Energietransport Wärmemitführung. Auch die Metalllanze transportiert Energie zum Bett und zwar durch die bereits bekannte Wärmeleitung. Zur Erinnerung: Dabei wird die Energie im Material transportiert, ohne dass das Material dabei bewegt werden muss. Der Ritter hat aber verstanden: Wärmemitführung ist häufig schneller als Wärmeleitung.

Selbstständige Wärmemitführung Sobald man Wasser an einer Stelle erwärmt, beginnt es dort aufwärts zu strömen. Das strömende Wasser transportiert die Energie in kältere Bereiche und gibt sie dort ab. Gleichzeitig strömt kälteres Wasser von der Seite nach. So bildet sich selbstständig ein Wasserkreislauf. Das Gleiche beobachten wir auch bei anderen Flüssigkeiten und Gasen: Erwärmte Flüssigkeiten und Gase steigen selbstständig nach oben und erzeugen einen Kreislauf.

Dabei wird auch hier Energie durch Wärmemitführung transportiert. Für Gase zeigt dies der Versuch **V2**. Der größte Teil der Energie wird nach oben abgeführt, denn heiße Luft und Verbrennungsgase steigen nach oben. Wenn allerdings heiße Luft wie beim Feuer ständig aufsteigt, dann muss andere, d. h. kältere Luft nachströmen. Es bildet sich ein Kreislauf (→ **B3**). Die nachströmende kalte Luft sorgt bei einer Kerze dafür, dass der Wachsrand nicht flüssig wird. An der Seite ist es also kälter. Die Tatsache, dass warme Luft nach oben steigt, ist übrigens auch Ursache dafür, dass ein Heißluftballon aufsteigt und dass sich Segelflugzeuge „in die Höhe schrauben" können.

■ **A1** Erläutere Unterschiede und Gemeinsamkeiten zwischen Wärmeleitung und Wärmemitführung.

■ **A2** Nenne weitere Beispiele für Wärmemitführung!

■ **A3** Erkundige dich nach der Funktionsweise einer Warmwasserheizung. Wie gelangt hier die Energie vom Heizkessel in die Wohnräume?

B3 Luftströmung bei einer Kerze

Temperatur und Energie

Energietransport ohne Materie

In einem Modellexperiment versuchen wir auf die „blöde" Frage (→ **B1**) eine Antwort zu finden.

■ **V1 a)** Richte den Strahl einer Rotlichtlampe auf eine weiße und eine schwarze Pappe. Berühre nach einiger Zeit die Pappen. Die schwarze Pappe fühlt sich wärmer an als die weiße. Hinter den Pappen ist keine Temperaturerhöhung festzustellen.
b) Überziehe die Pappen mit Aluminiumfolie und halte sie unter die Rotlichtlampe. Diesmal ändert sich die Temperatur der Pappen kaum; die Anzeige eines direkt vor die Aluminiumfolie gehaltenen Thermometers steigt deutlich.

B1

Wärmestrahlung Neben der Wärmeleitung und der Wärmemitführung gibt es eine weitere Art, Energie zu transportieren. Der Versuch in Abbildung **B2** macht dies deutlich: Einerseits wird die Hand erwärmt; es muss also Energie von der Rotlichtlampe zur Hand gelangt sein. Andererseits kann der Energietransport hier aber nicht durch Wärmeleitung oder Wärmemitführung erfolgen, denn sonst müsste mindestens eines der beiden Thermometer ② und ③ mehr als 28 °C anzeigen. Diese neue Art des Energietransports bezeichnet man als **Wärmestrahlung**. Bei ihr besteht kein direkter Kontakt zu einem heißen Gegenstand; es wird auch keine erwärmte Materie transportiert.

Nicht nur Rotlichtlampen, sondern alle heißen Gegenstände geben Energie durch Wärmestrahlung ab. Auf diese Weise gelangt auch die Energie von der Sonne durch den leeren Weltraum zur Erde. Wärmestrahlung kann durch helle oder glänzende Oberflächen **reflektiert** (zurückgeworfen) und von dunklen Oberflächen **absorbiert** (verschluckt) werden. Beim Absorbieren geht die Energie auf den Gegenstand über; dieser erhöht seine Temperatur. So kann in Abbildung **B3** kaum Energie zum rechten Thermometer gelangen, seine Temperatur steigt nur wenig an. Dagegen zeigt das linke Thermometer deutlich höhere Temperaturwerte an.

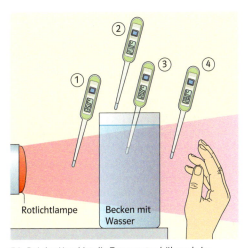

B2 Bei der Hand ist die Temperatur höher als im Becken oder oberhalb davon.

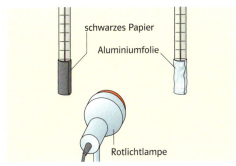

B3 Reflexion und Absorption

■ **A1** Vergleiche die Wärmestrahlung mit der Wärmeleitung und mit der Wärmemitführung. Stelle Gemeinsamkeiten und Unterschiede in einem Schnittmengendiagramm oder einer Tabelle zusammen.

■ **A2** Warum trägt man im Sommer oft helle Kleidung?

■ **A3** Erkläre die wärmende Wirkung eines offenen Feuers.

Temperatur und Energie **81**

Die Sonne – unser Energielieferant

B1 Alle unsere Energie kommt von der Sonne.

B2 Erdaufgang bzw. Voll-Erde

Die Sonne ist eine von 100 Milliarden Sternen der Milchstraße. Sie gibt ununterbrochen gewaltige Energiemengen in Form von Licht- und Wärmestrahlung in den Weltraum ab. Alle Öl-, Gas-, Kohle- und Holzvorräte, die die Menschheit von Beginn ihrer Existenz an verfeuert hat, erreichen bei weitem nicht die Energiemenge, die die Sonne in nur einer einzigen Sekunde abstrahlt.

Die Energie der Sonne lässt an Land die Pflanzen und im Meer die Algen wachsen. Über die Nahrungsketten bilden diese die Grundlage für die Energieversorgung aller Lebewesen. Aber auch alle Energie, die wir heute zum Heizen und den Betrieb von Maschinen verwenden, ist irgendwann als Licht- und Wärmestrahlung von der Sonne zur Erde gekommen. Kohle, Öl und Erdgas sind Träger gespeicherter Sonnenenergie, die im Laufe vieler Millionen Jahre aus biologischen, chemischen und geologischen Prozessen entstanden.

Auch die Jahreszeiten und die Wettererscheinungen haben ihre Ursache in den Temperaturunterschieden, die bei der Energieübertragung der Sonnenstrahlung in Luft, Wasser und Boden entstehen.

Entstehung der Jahreszeiten Um zu verstehen, wie die Jahreszeiten entstehen, begeben wir uns in Gedanken auf eine Reise in den Weltraum und beobachten die Erde und die Sonne von ganz weit weg. Aus unserem Raumschiff heraus würden wir sehen, dass im Verlauf eines Tages immer nur eine Hälfte der Erde beschienen wird. Die andere Hälfte ist dunkel. Da sich die Erde um sich selbst dreht, werden deshalb auch immer andere Gebiete beschienen. So entstehen Tag und Nacht. Die Erde braucht für eine Drehung um sich selbst immer 24 Stunden. Wie kann man aber erklären, warum die Tage im Sommer länger als die Nächte sind – und im Winter umgekehrt? Der Grund liegt in der Drehung der Erde um die Sonne und in der Schräglage der Erdachse (→B3). Diese „Schieflage" behält die Erde immer in gleicher Weise bei, wenn sie auf ihrer Umlaufbahn die Sonne umkreist. Betrachtet man in Abbildung B1, S. 83, die Stellung der Erde am 21. Dezember, unserem Winteranfang, so erkennt man, dass der nördliche Teil der Erdachse von der Sonne weg zeigt. Ein halbes Jahr später, am 21. Juni, beginnt bei uns der Sommer – und die Erdachse zeigt zur Sonne hin. Am 21. März bzw. am 23. September sind der nördliche und der südliche Teil der Erd-

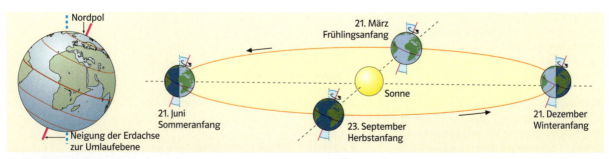

B3 Die „Schieflage" der Erde

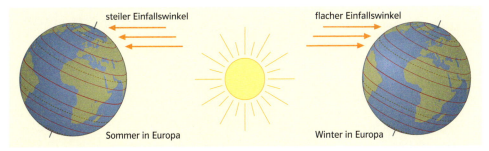

B1 Der Einfallswinkel der Sonnenstrahlen ist für die Jahreszeit verantwortlich.

achse gleich weit von der Sonne entfernt. Es kommt zur ersten bzw. zweiten Tagundnachtgleiche, bei denen Tag und Nacht jeweils genau 12 Stunden dauern.

Hinzu kommt, dass die Sonnenstrahlen im Sommer sehr steil auf die Nordhalbkugel treffen und im Winter nur sehr flach (→ **B1**). Die gleiche Energie des Sonnenlichts trifft also im Winter auf der Nordhalbkugel auf eine viel größere Fläche als im Sommer. Daher wird die Erdoberfläche im Winter dort weniger stark erwärmt als im Sommer. Auf der Südhalbkugel ist es genau umgekehrt, die Jahreszeiten sind gegenüber der Nordhalbkugel vertauscht."

Kreist die Erde wirklich um die Sonne?
Die Bahn der Erde um die Sonne ist genau genommen gar kein Kreis, sondern eine Ellipse. Die Sonne befindet sich außerdem nicht genau in der Mitte der Ellipse, sondern in einem der zwei sogenannten Brennpunkte.

Im Sommer ist die Erde somit etwas weiter von der Sonne entfernt als im Winter. Dieser relativ kleine Unterschied spielt aber für die Jahreszeiten fast keine Rolle. Der Einfallswinkel der Sonnenstrahlung ist weitaus wichtiger.

Wärmemitführung in der Atmosphäre
Die jährliche Bewegung der Erde um die Sonne und die tägliche Drehung um eine geneigte Achse lassen die Sonnenstrahlung ständig mit unterschiedlicher Stärke auf die Erde eintreffen.

Das ganze Jahr über haben wir aber nahe der Pole durch den flachen Einfall die geringste, am Äquator durch den steilen Einfall der Strahlung die größte Erwärmung. Warme und kalte Luftmassen treffen so aufeinander. Die Temperaturunterschiede zwischen großen Gebieten gleichen sich durch gewaltige Bewegung der Luft aus, die Konvektion (Wärmemitführung)

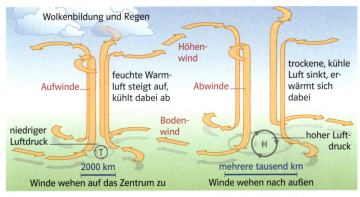

B2 Luftströmungen bei Hoch und Tief auf der Nordhälfte der Erdkugel

genannt werden. Die Luft über dem Meer enthält viel Wasserdampf, der durch Verdunstung entstanden ist. Dieser Wasserdampf wird mit der Luft transportiert.

Erwärmt die Sonne die Luft über einem Gebiet stärker als in der Umgebung, so steigt diese Luft nach oben, da sie gegenüber der kälteren und dichteren Luft der Umgebung leichter ist. Weil die Luft der Umgebung langsamer nachströmt, entsteht am Boden ein **Tiefdruckgebiet** mit niedrigem Luftdruck (→ **B2**). Die erwärmte und meist feuchte Luft kühlt beim Aufsteigen ab, es bilden sich Wolken. In der Höhe strömt die Luft dorthin, wo der Druck niedriger ist. Hier hat sich die Luft am Boden zu einem Tiefdruckgebiet bewegt. Die absinkende Luft erwärmt sich wieder und bewirkt einen höheren Luftdruck gegen über dem der Umgebung: Es entsteht ein **Hochdruckgebiet**. Am Boden nehme wir diese druckausgleichenden Strömungen der Luft als **Wind** wahr. Durch die Drehung der Erde um ihre Achse verwirbeln diese Luftströmungen. Die Luftwirbel von Hoch- und Tiefdruckgebieten mit ihren Wolken lassen sich auf Satellitenfotos wie **B3** gut erkennen.

B3 Wolkenwirbel in der Atmosphäre

Temperatur und Energie

Werkstatt · Temperaturregelung

Lernmethode „Kugellager"

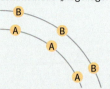

Phase I: Die Lerngruppe wird in zwei Gruppen A und B eingeteilt. Die Mitglieder der Gruppe A lesen den Text zur Temperaturregelung bei Mensch und Tier, die von B den zur Temperaturregelung in der Technik. Jeder Schüler notiert sich Stichworte mit wesentlichen Merkmalen.
Phase II: Die Mitglieder der Gruppe A bilden einen Innenkreis, die der Gruppe B ordnen sich außen dazu und erläutern ihren Partnern die Regelung in der Technik.
Phase III: Die Mitglieder der Gruppe B rücken im Uhrzeigersinn zwei Plätze weiter und hören den Vortrag der neuen Partner zur Regelung bei Mensch und Tier an.
Phase IV: Die Mitglieder der Gruppe B rücken erneut zwei Plätze weiter, ergänzen mit den neuen Partnern die nachstehende Tabelle B1 und beschreiben zusammenhängend die

Vergleich Temperaturregelung bei	Mensch und Tier	Technik
Warum Temperaturregelung?		
Schutzmechanismen gegen Auskühlung		
Schutzmechanismen gegen Überhitzung		
weitere spezielle Schutzmechanismen		
Gemeinsames Ziel aller Schutzmechanismen zur Temperaturregelung in Natur und Technik		

B1 Temperaturregelung in Natur und Technik

Gemeinsamkeiten und Unterschiede bei der Temperaturregelung.

Temperaturregelung bei Menschen und Tieren

Menschen haben wie alle Säugetiere eine nahezu gleich bleibende Körpertemperatur, die in der Regel über der Temperatur der Umgebung liegt. Deshalb geben wir ständig Energie an die Umgebung ab, wodurch sich unsere Körpertemperatur verringern müsste. Damit dies nicht geschieht, müssen wir wieder Energie zuführen, z. B. durch Nahrungsaufnahme. Die Wärmestrahlung der Sonne kann unserem Körper zusätzlich Energie zuführen. Umgekehrt führt der Wind die Energie unseres Körpers ab und es kann passieren, dass wir frieren.

B2 Abkühlung durch Schwitzen

Durch unser Verhalten und unsere Kleidung können wir die Abgabe und die Zufuhr der Energie regulieren. Im Sommer vermindern wir die Zufuhr von Energie, wenn wir uns nicht in der prallen Sonne, sondern im Schatten aufhalten. Darüber hinaus besitzen wir einen körpereigenen Schutzmechanismus. Wenn es im Sommer sehr warm ist oder wir uns beim Sport körperlich sehr anstrengen, tritt Schweiß aus Poren der Haut; wir geraten „ins Schwitzen" (→ B2). Beim Verdunsten der Schweißtropfen auf der Haut wird dem Körper Energie entzogen und schnell aus dem Körper abtransportiert, um eine Überhitzung und damit einen Hitzschlag zu vermeiden.

Luft ist ein schlechter Wärmeleiter. Die Fasern unserer Bekleidung schließen viele kleine Luftpolster ein, sodass das Ausziehen eines Pullovers den Energieverlust vermindert. Werden die inneren Schichten der Kleidung jedoch nass, wird die Energie schnell vom Körper abgeleitet und man kühlt aus. Moderne Textilien weisen deshalb die äußere Feuchtigkeit ab und ermöglichen zugleich den Abfluss der Feuchtigkeit der Haut. Durch eine hohe Winddichtigkeit bleiben auch bei Sturm die wärmenden Luftschichten in der Kleidung erhalten.

B3 Polarfuchs (links); Wüstenfuchs (Fennek) (rechts)

Auch Tiere nutzen isolierende Luftschichten, wie man am aufgeplusterten Gefieder eines Vogels oder an einem dicken Winterfell erkennen kann. Farbe und Dicke des Fells und sogar die Körperform der Tiere sind an das Klima angepasst. Das Fell des Polarfuchses ist sehr dicht (→ B3, links). Seine Ohren sind kurz, stark behaart und abgerundet und strahlen dadurch wenig Wärme ab. Der Wüstenfuchs in der Sahara hat sehr große Ohren (→ B3, rechts), sie erleichtern die Abstrahlung von Energie aus dem Körper. Eisbären besitzen nicht nur ein dichtes Fell, sondern auch eine dicke Speckschicht. Die hellen Fellhaare leiten einen Teil der Sonnenstrahlen auf die pechschwarze

Haut. Diese nimmt die spärliche Sonnenenergie auf. Damit wird wieder das Luftpolster beheizt, das von den Fellhaaren eingeschlossen wird. Die Haare des Fells nehmen kein Wasser auf, der Bär kann an Land das Wasser abschütteln.

Wechselwarme Lebewesen sind zwar nicht auf eine konstante Körpertemperatur angewiesen, dennoch muss sich auch bei ihnen die Körpertemperatur innerhalb gewisser Grenzen befinden. Krokodile halten sich daher während der Mittagshitze nur im Schatten auf und lassen Flüssigkeit im geöffneten Maul verdunsten (→ B1). Dadurch steigt ihre Körpertemperatur nicht über 30 °C an.

B1 Das Krokodil lässt Wasser im Maul verdunsten.

Temperaturregelung in der Technik Die Motoren von Kraftfahrzeugen erhitzen sich sehr stark. Um eine Überhitzung zu vermeiden, werden sie gekühlt. Bei Mopeds und Motorrädern erfolgt die Kühlung durch Luft (→ B3). Pkw und Lkw haben zumeist Wasserkühlung. Das Kühlwasser umgibt die Zylinder und nimmt einen Teil der Energie auf, die beim Verbrennen des Benzins umgesetzt wird. Die Wasserpumpe drückt das erhitzte Wasser durch den Kühler (→ B2), wo es wie bei einem Heizkörper von der Luft abgekühlt wird.

Auch der Prozessor eines Computers wird sehr heiß und muss gekühlt werden. Dies geschieht meist durch eine Kombination aus Kühlrippen und Ventilator.

Astronauten sind während ihrer Flüge in vielerlei Hinsicht einer lebensfeindlichen Umgebung ausgesetzt. Die Raumschiffe schützen sie vor Vakuum, Auskühlung, kosmischer Strahlung und vor den im Weltall herumfliegenden kleinen Meteoriten. Gleichzeitig sichern sie die Versorgung der Astronauten mit Sauerstoff. Bei Manövern außerhalb des Raumschiffes im freien Weltall oder auf dem Mond tragen die Astronauten Raumanzüge, die einer Raumstation im Kleinformat gleichen (→ B4).

Die Raumanzüge bewahren die Astronauten vor eisiger Kälte und großer Hitze. Im freien Weltall herrscht eisige Kälte. Auf der Mondoberfläche dagegen schwanken die Temperaturen extrem. Sie betragen 130 °C bei voller Sonneneinstrahlung und –170 °C auf der Nachtseite des Mondes. Deshalb müssen die Anzüge eine ausgezeichnete Wärmedämmung besitzen. Sie bestehen aus mehreren Schichten spezieller Kunststofffasern und einer äußeren aluminiumbeschichteten Polyesterfolie. Diese äußere Schicht ist sehr robust, denn sie schützt die Astronauten auch vor kleinsten Meteoriten und anderen mechanischen Schäden. Die gute Wärmeisolierung des Raumanzuges dient dem Schutz vor der Kälte des Weltraumes. Gleichzeitig kann aber auch keine Körperwärme entweichen. Deshalb tragen die Astronauten unmittelbar auf der Haut einen Kühlanzug, der die Körperwärme der Astronauten ableitet. Der Kühlanzug besteht aus einem System von Schläuchen, in dem eine Kühlflüssigkeit zirkuliert.

Zum Leben im Weltall benötigen die Astronauten nicht nur Atemluft, sondern sie müssen wie auf der Erde und im Raumschiff von einem äußeren Luftdruck umgeben sein. Deshalb wird im Inneren des Raumanzuges ein künstlicher Luftdruck erzeugt. Der Raumanzug ist nicht nur wärmeisolierend, sondern auch absolut luftdicht. Der Anzug enthält biegsame Elemente. Mehrere vakuumdichte Reißverschlüsse ermöglichen das An- und Ausziehen. Zum Raumanzug gehört ein Versorgungstornister mit Sauerstoff und Geräten zur Regelung der Temperatur und der Feuchtigkeit. Der Helm ist mit Schutzschichten versehen, die vor dem hellen Sonnenlicht schützen.

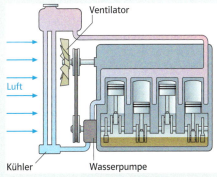

B2 Wasserkühlung beim Benzinmotor

B3 Kühlrippen

B4 Astronauten im freien Weltraum

Rückblick

Auf den vorhergehenden Seiten hast du einige Versuche, neue Begriffe, Beobachtungen und Erklärungen kennengelernt. Wenn du die folgenden Aufgaben bearbeitest, erstellst du dir selbst eine Zusammenfassung des Kapitels und kannst überprüfen, ob du das Wichtigste verstanden hast. Bist du an einer Stelle unsicher, dann schlag noch einmal nach.

1 Begriffe
a) Wie nennt man das, was alle Gegenstände abgeben, wenn sie Wasser erwärmen?
b) Was versteht man unter
  – dem Teilchenmodell?
  – den Aggregatzuständen und wie nennt man die Übergänge zwischen diesen?
  – Temperaturregelung?

2 Beobachtungen
Was beobachtet man, wenn man
a) einen heißen Metallklotz in einen Becher mit kaltem Wasser legt?
b) eine Metallstange an einem Ende erwärmt?
c) einen Holzstab und einen Metallstab gleicher Temperatur in die Hand nimmt?
d) die Luftströmung in der Nähe einer brennenden Kerze untersucht?
e) zwei gleiche Thermometer in die Sonne legt, von denen eines mit schwarzem Papier und das andere mit Aluminiumfolie umwickelt ist?

3 Erklärungen
a) Welche Unterschiede bestehen zwischen Wärmeleitung, Wärmemitführung und Wärmestrahlung?
b) Warum können sich Körper gleicher Temperatur unterschiedlich warm anfühlen?
c) Wie müssen Körper beschaffen sein, damit sie möglichst wenig Energie durch Wärmestrahlung aufnehmen?
d) Wie können sich Menschen und Tiere vor zu starker Erwärmung bzw. Abkühlung schützen?

4 Gesetzmäßigkeiten
a) Mit welchen Methoden versuchte der Ritter sein Bett zu erwärmen? Nenne Vor- und Nachteile der beiden verschiedenen Methoden.
b) Beschreibe den Zusammenhang zwischen dem Aggregatzustand und der Anordnung und Bewegung der Teilchen.

Erläutere die Erscheinungen in den folgenden Bildern und beantworte die Fragen!

B1 Wie zeigt dieser Versuch, dass Wasser ein schlechter Wärmeleiter ist?

B2 Wie wird Energie vom Kachelofen zu den Personen und zur Katze übertragen?

B3 Das Auto bremst gerade. Weshalb glühen die Bremsscheiben?

B4 Was bewirkt der Spiegel hier?

Heimversuche

1 Wasserkochen im Papierbecher In Abbildung **B1** siedet das Wasser, ohne dass der Papierbecher ansengt. Führe den Versuch durch und lege ein Versuchsprotokoll an.

2 Wärmespirale Schneide eine Spirale aus Papier aus und hänge sie an einem Faden über einer Kerzenflamme **so weit von der Flamme entfernt auf, dass sie nicht angesengt wird** (→ **B2**). Beobachte dann die Spirale.

3 Teebeutelrakete Achtung: Führe diesen Versuch nicht alleine durch, sondern lass dir von einem Erwachsenen helfen! Öffne einen Zweikammerteebeutel, indem du die Metallklammer entfernst. Entleere den Beutel und forme eine Papierröhre. Diese Papierröhre stellst du auf einen Porzellanteller und zündest das Papier mit einem Streichholz ganz oben an. Beobachte, wie die „Rakete" nach einiger Zeit abhebt.

4 Wärmedämmung zu Hause Untersuche bei dir zu Hause Wände, Böden und Decken sowie Fenster nach Maßnahmen zur Wärmedämmung. Erkundige dich auch bei deinen Eltern. Welche dieser Maßnahmen könnten auch dem Schallschutz dienen?

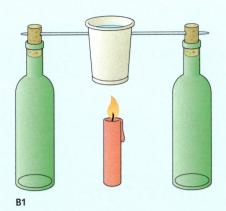

B1

Vorlage ⌀ ca. 15 cm

Faden

B2

Aufgaben

Aggregatszustände

1 Worin unterscheiden sich flüssige von gasförmigen und von festen Körpern?

2 Übertrage die Grafik **B3** in dein Heft und ergänze.

Wärmeleitung

3 In Gebrauchsanweisungen von Elektroherden kannst du Zeichnungen wie in nachfolgender Abbildung finden. Warum soll ein Kochtopf mit gewölbtem Boden hier nicht benutzt werden?

4 Welches der drei Streichhölzer wird zuerst entzündet? Begründe!

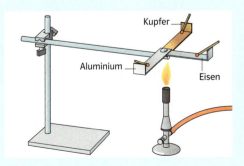

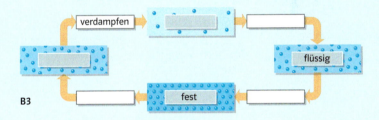

B3

5 Untersuche Fonduegabeln. Warum sind sie in der Regel mit Holzgriffen versehen?

6 Nenne gute und schlechte Wärmeleiter.

Wärmemitführung

7 Mit einer Kerzenflamme kann man Luftströmungen nachweisen (→ **B4**). Wo ist hier der kältere Raum?

8 Segelflugzeuge können sich oft ohne Antrieb immer höher in die Luft schrauben. Wie kommt der Aufwind zustande?

9 Erkläre, wie es an der Küste zu dem „Seewind" (Wind, der von der See zum Land weht) kommt. Warum beobachtet man in der Nacht einen „Landwind"? (Hinweis: Am Tage ist das Land heißer als das Wasser.)

10 Warum kann man in einem Umluftherd gleichzeitig auf mehreren Blechen backen?

B4

Temperatur und Energie

Aufgaben

Wärmestrahlung

11 Warum sind Kühlwagen in der Regel in hellen Farben gestrichen?

12 Untersuche Tüten, in denen heiße Hähnchen vom Grill verpackt werden. Warum sind sie im Inneren mit Alufolie ausgekleidet? Untersuche ebenso Tüten, in denen Tiefkühlkost vom Einkauf nach Hause transportiert wird.

13 Warum kann man in einem zusammengerollten Schlauch im Garten Wasser erhitzen?

Weitere Aufgaben

14 Warum hält grobmaschig gestrickte Wolle warm, solange man nicht im Wind steht?

15 Im Winter plustern Vögel häufig ihre Federn auf. Was bezwecken sie damit?

16 Was versteht man unter Wärmeisolation? Schaue gegebenenfalls im Lexikon nach!

17 Warum kühlt sich eine heiße Flüssigkeit in einer Thermosflasche (→ B3) kaum ab? Kann eine Thermosflasche auch kalte Getränke kühl halten?

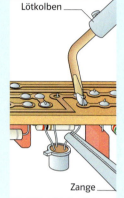

B1

B2

B3

18 Warum werden beim Hausbau oft Hohlblocksteine verwendet?

19 Können Kühlboxen auch zum Warmhalten benutzt werden?

20 a) Warum ist gute Wärmedämmung bei Häusern sehr wichtig?
b) Welche Dämmstoffe nimmt man heute zur Wärmedämmung eines Daches, welche hat man früher verwendet?

21 Zur Warmwasserheizung
a) Wozu dient der Ausgleichsbehälter?
b) Warum lässt man das heiße Wasser am Heizkörper immer oben hinein- und das kältere Wasser unten herausfließen?

22 Im Winter kann man beobachten, dass der Schnee auf den Dächern der Häuser unterschiedlich schnell wegtaut. Erkläre dies!

23 Elektronische Bauteile werden mit Hilfe von Lötzinn an den Leiterbahnen der Platine befestigt. Dabei wird das Zinn durch einen Lötkolben verflüssigt. Nach dem Erstarren sind die Drähte der Bauteile mit den Leiterbahnen verbunden. Manche dieser Bauteile werden allerdings zerstört, wenn sie dabei zu heiß werden. Warum wird dies vermieden, wenn man die Drähte beim Einlöten mit einer Metallzange umfasst (→ B1)?

24 Tim und Lea unterhalten sich darüber, wie man sich am besten verhält, wenn man in kaltem Wasser treibt. Tim meint: „Wasser ist doch ein schlechter Wärmeleiter. Also musst du dich möglichst still verhalten, sonst gibst du unnötig Energie ab." Lea hält entgegen: „Das ist doch Unsinn. Du sollst lieber kräftig strampeln, um dich warm zu halten." Wer hat recht? Begründe deine Antwort.

25 Brennbare Gase entzünden sich erst, wenn sie auf die so genannte Zündtemperatur erhitzt werden. Das Gas aus dem Gasbrenner wird oberhalb des Kupfernetzes angezündet. Warum dringt die Flamme nicht nach unten durch das Netz hindurch (→ B2)?

26 Oft hört man folgende Redeweisen:
a) Es soll keine Kälte eindringen.
b) Wärme steigt immer nach oben.
Erläutere mit den gelernten Begriffen, was genau gemeint ist.

27 Unfallopfer, die einen Schock erlitten haben, müssen warm gehalten werden. Dazu dient bei der ersten Hilfe eine dünne verspiegelte „Rettungsfolie". Erkläre deren Wirkung!

Vorhaben **Schattentheater**

Versuche in „Forschungsvorhaben" zu klären, wie Schattenbilder entstehen und wie sie verändert werden können.

B1 Spezialeffekte im Schattentheater

Die Geschichte des Figurenschattentheaters ist so alt wie die Geschichte des Theaters selbst. Wahrscheinlich ist es die älteste Theaterform überhaupt. Im Schattentheater hast du die Möglichkeit, Dinge vorzuführen, die es gar nicht gibt.

Zu einer Aufführung gehören:
- Die Idee für den Inhalt
- Der Titel
- Die Technik
- Lichteffekte
- Toneffekte und Musik
- Die Spieler
- Das Drehbuch

Plant ein kurzes Schattentheaterstück und führt es auf.

- Plant euer Schattentheaterstück sorgfältig.
- Experimentiert mit Licht und Schatten, um Erfahrung für die Technik zu sammeln.
- Überlegt euch, ob euer Theaterstück Musik enthalten soll (z. B. zu Beginn oder am Ende). Wählt dazu passende Musik aus.
- Überlegt euch passende Soundeffekte und wie ihr sie erzeugen könnt (Rasseln, Trommeln, Quietschen, Heulen …)
- Schreibt eure Überlegungen in einem Drehbuch auf.
- Teilt die Arbeit sinnvoll ein.

B1 Scherenschnitt

Hinweise zum Experimentieren
- Vergleiche die Schatten bei verschiedenen Lichtquellen (z. B. Teelicht, Halogenleuchte, Neonröhre, Overheadprojektor).
- Wie erhältst du Schatten, die wie ein Scherenschnitt aussehen?
- Wie kannst du erreichen, dass du Mitschüler am Schatten erkennst?
- Experimentiere mit mehreren Lichtquellen gleichzeitig. Verwende farbiges Licht.
- Untersuche, wie du die Größe eines Schattens verändern kannst.
- Im Theater benutzt man manchmal ein Spotlicht. Mit der nebenstehend skizzierten Anordnung geht das auch im Schattentheater. Mit einer Taschenlampe kannst du eventuell auf die Pappe verzichten. Finde heraus, wie sich die Größe des Lichtkreises ändern lässt.

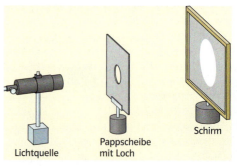

B2 Spotlicht im Schattentheater

Hinweise zum Aufbau
- Die „Bühne" beim Schattentheater ist eine weiße Leinwand, z. B. ein Bettlaken. Es sollte möglichst faltenfrei aufgehängt werden. Für „Handschattenspiele" ist es günstig, ein Tuch mit einem Tacker auf einen Rahmen zu spannen.
- Figuren kannst du phantasievoll aus Pappe ausschneiden. Du kannst sie an einem dünnen Holzstab halten.
Kannst du mit den Figuren von Kasper und Krokodil spielen, wie das Krokodil den Kasper verschlingt?
- Ganz schwierig wird es, wenn man den Kasper im Bauch des Krokodils sehen soll.
- Auch mit den Händen lassen sich Figuren bilden. Ein Vogel kann dann die Flügel bewegen und der Elefant den Rüssel. Erprobe deine Figuren.

B3 Bühne für das Schattentheater

B4 Kasper

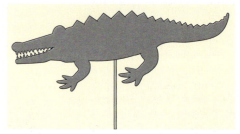

B5 Das Krokodil

B6 Handschattenspiele

Licht

Beschreibe die unterschiedlichen Lichterscheinungen.

Vom Sehen

■ **V1** Tina leuchtet Peter mit der Taschenlampe an. Sie berichtet, dass sie zwar Peter, aber nicht die Glühlampe sehen kann. Peter dagegen kann die Glühlampe sehen. Tina sieht er nicht.

■ **V2** Schalte am Abend in einem Zimmer eine Lampe an. Nimm ein Buch und versuche an verschiedenen Stellen des Zimmers im Buch zu lesen. Wo kannst du am besten lesen?

B1 Zu Versuch 1

Glühlampe
seit
Ende
19. Jh.

Energiesparlampe
seit
Ende
20. Jh.

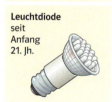

Leuchtdiode
seit
Anfang
21. Jh.

B2 Lichtquellen

Lichtquellen und Lichtempfänger Jeder weiß, dass man in einem dunklen Raum, mit geschlossenen Augen oder in „stockdunkler" Nacht nichts sieht. Wir brauchen Licht zum Sehen. Das Licht muss dazu in unser Auge gelangen.

Gegenstände, die Licht erzeugen, nennt man **Lichtquellen**. Beispiele dafür sind die Sonne, eine brennende Kerze, eine Glühlampe. In der Randspalte kannst du einige der neueren Lichtquellen sehen, die der Mensch im Laufe von 5000 Jahren erfunden und mit immer verbesserter Technik weiter entwickelt hat (→ B2).

In unser Auge gelangt jedoch auch Licht von Gegenständen, die nicht selbst leuchten. In diesem Fall gelangt das Licht von einer Lichtquelle; z.B. einer Schreibtischlampe, zu einem Gegenstand, z.B. einem Buch, und von dort in das Auge (→ B3).

Die meisten Dinge, die wir sehen, sind keine Lichtquellen, sondern **beleuchtete Gegenstände**. Auch der Mond ist hierfür ein Beispiel:

Er wird von der Sonne beleuchtet – das Sonnenlicht gelangt über die Mondoberfläche in unser Auge.

Wenn wir einen Gegenstand sehen, dann sagen wir auch: „Wir schauen diesen Gegenstand an." Physikalisch ist es aber so, dass das Licht vom Gegenstand kommt und in unser Auge gelangt. In der Abbildung **B4** ist dies dargestellt – das Auge ist in diesem Fall der **Lichtempfänger**. Ein anderes Beispiel für einen Lichtempfänger ist der Film in einem Fotoapparat. In Digitalkameras befindet sich an Stelle des Films ein elektronischer Bildsensor als Lichtempfänger.

● **Einen Gegenstand kann man nur sehen, wenn von ihm Licht ausgeht und in unser Auge gelangt.**

Gegenstände, die selbst kein Licht erzeugen, kann man also nur sehen, wenn sie von einer Lichtquelle beleuchtet werden. Das Licht gelangt dann zum Gegenstand und von dort in unser Auge.

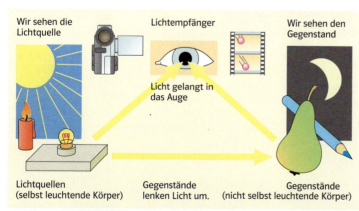

B3 Wann sehen wir etwas?

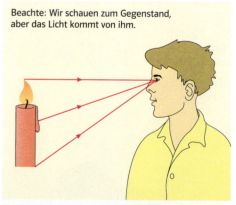

B4 Strahlen, die den Lichtweg beschreiben

Licht trifft auf Gegenstände

■ **V1** Wir lassen im abgedunkelten Raum ein schmales Lichtbündel aus einer Lampe auf verschiedene Gegenstände (weiße Pappe, schwarze Pappe, Spiegel und Glasscheibe) treffen. Können wir den beleuchteten Gegenstand aus allen Richtungen sehen?

■ **V2** Zusätzlich stellen wir vor und hinter jeden der Gegenstände Spielzeugfiguren (→ **B1**). Kann man die Figuren vor und hinter dem Gegenstand erkennen, d.h., gelangt Licht zu ihnen?

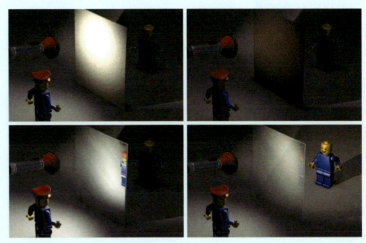

B1 Licht trifft auf verschiedene Körper.

Reflexion Was passiert, wenn Licht auf einen Gegenstand trifft? Eine weiße Pappe und ein Spiegel **reflektieren** das Licht einer Lichtquelle, das heißt: Sie werfen es zurück.

Von der weißen Pappe wird das Licht in alle Richtungen reflektiert – wir können sie aus allen Richtungen sehen und das Licht erreicht einen großen Teil des Raumes. Diese Art der Reflexion nennt man **ungerichtete Reflexion**. Ein Spiegel dagegen reflektiert das Licht nur in eine Richtung, aus allen anderen Richtungen erscheint er dunkel. Man spricht von **gerichteter Reflexion**. Sie tritt nur bei ganz glatten Oberflächen auf. Beim Fahrrad nutzen Rückstrahler (so genannte Reflektoren) die gerichtete Reflexion (→ **B2**). Reflektoren bestehen aus vielen kleinen Flächen, die so angeordnet sind, dass sie das Licht durch mehrfache Reflexion in die Richtung zurückwerfen, aus der es ursprünglich gekommen ist (→ **B3**).

● **Bei gerichteter Reflexion wird ein Lichtbündel von einem Gegenstand nur in eine Richtung reflektiert. Bei ungerichteter Reflexion wird es in viele Richtungen reflektiert.**

B2 B3

Absorption Die meisten Gegenstände sind für Licht undurchlässig. Da sie nur einen Teil des Lichts reflektieren, wird ein weiterer Teil des Lichts von ihnen **absorbiert** (verschluckt).

Eine Glasscheibe reflektiert einen Teil des Lichts, ein anderer wird durchgelassen. Je dicker die Scheibe ist, desto weniger Licht kommt auf ihrer Rückseite an – auch Glas absorbiert einen Teil des Lichts.

● **Licht wird von Gegenständen mehr oder weniger stark durchgelassen, absorbiert oder reflektiert.**

Milchglasscheiben sind zwar lichtdurchlässig, doch wird das Licht in der Scheibe an kleinen weißen eingelagerten Teilchen ungerichtet reflektiert. Daher kann man Gegenstände durch die Scheibe nicht mehr klar erkennen. Man nennt dieses Glas **durchscheinend**, normales Glas dagegen **durchsichtig**.

■ **A1** In einem dunklen Raum beobachtest du von der Seite, wie Licht auf weißes Papier und einen Spiegel trifft. Erkläre, warum das Papier weiß aussieht, der Spiegel dagegen dunkel.

■ **A2** Erkläre, warum eine nasse Fahrbahn im Scheinwerferlicht viel dunkler erscheint als eine trockene.

■ **A3** Begründe, warum Krankenwagen hinten Milchglasscheiben haben.

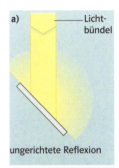

a) ungerichtete Reflexion

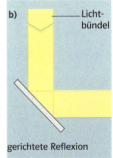

b) gerichtete Reflexion

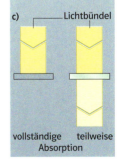

c) vollständige / teilweise Absorption

B4 Reflexion und Absorption

Licht **93**

Physik überall — Wir sehen Farben!

B1 Tautropfen

B2 Farbiges Licht – der Regenbogen

Einen Regenbogen (→B2) siehst du selten – nur dann, wenn gleichzeitig Regentropfen und Sonnenlicht in bestimmter Richtung vorhanden sind! Aber auch an Schneekristallen oder kleinen Tautröpfchen, die morgens an Grashalmen oder Spinnweben hängen, kannst du im Sonnenlicht ein farbiges Glitzern beobachten (→B1).

In einem Versuch können wir diese Vorgänge nachahmen: Wir ersetzen das Sonnenlicht durch das Licht eines Overheadprojektors (→B3). Zwei Hefte begrenzen ein schmales Lichtbündel. Wir lassen das Lichtbündel auf einen Glaskörper mit dreieckiger Grundfläche, ein **Prisma**, fallen und beobachten das Licht auf der Wand. Wir erkennen ein Farbband. Es zeigt Farben wie bei einem Regenbogen. Man nennt dieses Farbband ein **Spektrum**.

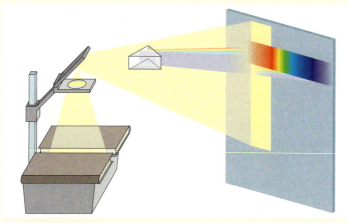

B3 Erzeugung eines Spektrums

Das farbige Licht, das wir sehen, kommt von der Lampe. Vermutlich ist es in dem „weißen" Licht, das wir vor dem Prisma nachweisen, schon vorhanden und das Prisma hat nur die einzelnen Farbanteile getrennt. Wenn das stimmt, müsste man weißes Licht erhalten, wenn man alle Anteile des Spektrums wieder zusammenführt. Das überprüfen wir in einem zweiten Versuch: Wir halten beim 1. Versuch eine Linse zwischen Prisma und Wand in den Lichtweg. Die Linse bündelt das Licht auf einen engen Raum. Wir erkennen: Wenn wir alle farbigen Lichtanteile aus dem Spektrum zusammenführen, erhalten wir wieder weißes Licht.

B4 Spektrum von Glühlampe (a) und Energiesparlampe (b)

Rotes (blaues, gelbes …) Glas oder Transparentpapier wirken als **Filter**. Sie lassen nur das rote (blaue, gelbe …) Licht durch, die übrigen Anteile werden absorbiert. Auf diese Weise können wir jeden Farbanteil einzeln erhalten. Trifft grünes Licht auf einen Blumenstrauß (→B5, rechts), so kann auch nur grünes Licht reflektiert werden. Wird der Strauß mit weißem Licht, also mit allen Farbanteilen, beleuchtet, so sehen wir den Strauß bunt (→B5, links). Eine Rose absorbiert beispielsweise alle Farbanteile aus dem weißen Licht außer dem roten. Diesen reflektiert sie und sie erscheint uns daher rot.

B5 Körperfarben ändern sich mit der Beleuchtung.

Im Spektrum von Glühlampen sind die Farbanteile ähnlich vertreten wie im Spektrum des Sonnenlichts. Das Spektrum von Energiesparlampen (→B4) ist dagegen anders zusammengesetzt. Deshalb wirken auch die Farben von Kleidungsstücken in künstlichem Licht oft anders als im Sonnenlicht.

Licht im Verkehr

Auf dem Foto **B1** siehst du, welche Bedeutung Licht im Straßenverkehr hat: Ampeln regeln den Verkehr, Straßenlampen oder Autoscheinwerfer machen die Straße, Verkehrsschilder und andere Verkehrsteilnehmer sichtbar, Rücklichter warnen den nachfolgenden Verkehr. Leider gibt es auch störende Lichterscheinungen, z. B. Spiegelungen auf der nassen Fahrbahn und Blendungen durch grelle, falsch eingestellte Scheinwerfer!

Für alle Verkehrsteilnehmer ist die Regel wichtig: **Man muss selbst gut sehen und von anderen gut gesehen werden!** Das siehst du in Abbildung **B3**: Der Autoscheinwerfer erfasst zwar beide Fußgänger, aber die dunkle Kleidung des rechten Fußgängers absorbiert beinahe alles Licht – er wird zu spät erkannt! Durch die helle Kleidung und die reflektierende Armbinde ist die linke Fußgängerin dagegen schon von Weitem sichtbar.

Im Straßenverkehr ist es aber auch sehr wichtig, gut zu hören, um z. B. vor Gefahren gewarnt zu werden: ein von hinten kommendes Auto, die Hupe eines Fahrzeugs oder die Klingel eines Fahrrades. Wie wichtig das Hören im Straßenverkehr ist, hast Du sicherlich schon einmal bei einem Rettungswagen bemerkt. Oft hört man die Sirene bereits, bevor man den Rettungswagen sieht.

Als Fußgänger und vor allem als Radfahrer musst du für deine eigene Sicherheit und für die Sicherheit der anderen Verkehrsteilnehmer Sorge tragen. Beachte deshalb: Der **Scheinwerfer** gibt das Licht ab, mit dem du Straße, Straßenbegrenzung und Hindernisse bei Dunkelheit erkennen kannst. Du solltest die Beleuchtung aber nicht erst dann einschalten, wenn du selbst nicht mehr alles siehst! Es ist ebenso wichtig, dass dein Fahrrad für Autofahrer schon von Weitem durch das abgestrahlte Licht zu erkennen ist! Überprüfe deshalb regelmäßig, ob der Scheinwerfer Licht abgibt und richtig eingestellt ist: Das Licht muss die Straße weit genug ausleuchten, aber ein zu hoch eingestellter Scheinwerfer blendet andere Verkehrsteilnehmer. Eine funktionierende **Schlussleuchte** (Rücklicht) schützt dich davor, von Verkehrsteilnehmern übersehen zu werden, die von hinten kommen und schneller sind als du. An mehreren Stellen am Fahrrad müssen **Reflektoren** (Rückstrahler) angebracht sein, die auftreffendes Licht reflektieren.

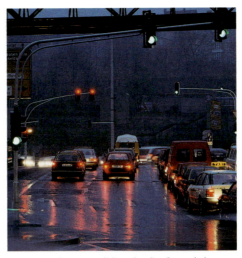

B1 Lichtquellen ermöglichen den Straßenverkehr auch nachts.

B3 Lebenswichtig: gut sehen und gut gesehen werden

B2 Rettungswagen

B4 Lichtquellen und Reflektoren am Fahrrad

Licht **95**

Gefahren des Sonnenlichtes

Bei strahlendem Sonnenschein sitzen Peter und Rosi mit ihren Eltern am Mittagstisch auf der Veranda. Ach, denkt Peter, jetzt genieße ich die Sonne pur. Er setzt sich nur mit der Badehose bekleidet in die pralle Sonne.

Während des Essens wird es ihm auch richtig warm. Rosi ist dies zu hell, sie trägt eine Sonnenbrille und nimmt bei ihren Eltern unter dem Sonnenschirm Platz.

„Du, Peter", sagt Mutter am Ende des Essens, „hol mal den Nachtisch aus dem Keller!" Peter geht ins abgedunkelte Haus und ruft nach draußen: „Hilfe, ich sehe überhaupt nichts!" – „Hilf mal deinem Bruder!" meint Mutter zu Rosi, die daraufhin ebenfalls ins Haus geht. Sie findet sich sofort zurecht. Wieso verhalten sich beide in dem dunklen Raum anders? – Peter geht es abends schlecht. Seine Haut ist gerötet und schmerzt. Woher könnte das kommen?

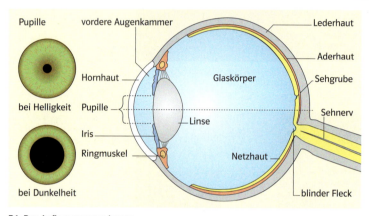

B1 Der Aufbau unserer Augen

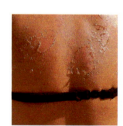

B2 Sonnenbrand

Das Auge – ein Lichtempfänger Mit den Augen erkennen wir hell und dunkel, unterscheiden Farben und sehen die Gegenstände vor uns. B1 zeigt den Aufbau der Augen. Beim Sehen gelangt das Licht durch die **Hornhaut**, die **Pupille**, die **Linse** und durch verschiedene Schichten bis zur **Netzhaut**. Dabei wird die Pupille je nach Dunkelheit oder Helligkeit größer oder kleiner und lässt mehr oder weniger Licht ins Auge. Auf der Netzhaut befindet sich eine große Zahl lichtempfindlicher und unterschiedlich spezialisierter Nervenzellen. Die einen unterscheiden hell und dunkel, die anderen erkennen die verschiedenen Farben. Von ihnen werden Lichtreize an bestimmte Bereiche ins Gehirn weitergeleitet. Letzteres formt diese Reize erst zu Bildern.

Vor zuviel Sonnenlicht muss man sich schützen! Es ist gefährlich, ohne Augenschutz in die Sonne zu sehen. Die Augenlinse bündelt das Licht der Sonne auf der Netzhaut. Auch wenn sich die Pupille bei Helligkeit verkleinert, ist die Wirkung des Sonnenlichts stark genug, um die Netzhaut dauerhaft zu schädigen. Daher: **Schaue nie direkt in die Sonne!**

Das Sonnenlicht enthält auch die für uns unsichtbare ultraviolette Strahlung (UV-Strahlung). Wenn man nicht durch eine Sonnenbrille geschützt ist, dann kann – insbesondere im schneebedeckten Hochgebirge – zu viel UV-Strahlung in das Auge gelangen. Die Folge kann eine schmerzhafte Verletzung der Hornhaut sein (sogenannte Schneeblindheit).

Gelangt UV-Strahlung auf unsere Haut, so kommt es zu einer Veränderung der Hautzellen, die zur Bräunung führt. Setzen wir unsere Haut aber zu lange oder zu starker UV-Strahlung aus, so werden die Hautzellen geschädigt. Ein Sonnenbrand ist die schmerzhafte Folge (→ B2). Zum einen altert die Haut dadurch schneller, zum anderen kann ein Sonnenbrand auch viele Jahre später noch Auswirkungen haben. In schlimmen Fällen werden die Hautzellen so stark geschädigt, dass bösartiger Hautkrebs auftritt. **Bei längerem Aufenthalt in der Sonne muss man sich vor der UV-Strahlung schützen!** Das kann durch lichtundurchlässige Kleidung oder durch ein Sonnenschutzmittel geschehen. Bei Sonnenschutzmitteln ist immer ein Lichtschutzfaktor (LSF) angegeben. Welcher Lichtschutzfaktor erforderlich ist, hängt von der Hautfarbe und von der Stärke der Sonnenstrahlung ab. Zum Beispiel sollte bei sehr heller Haut, die schnell einen Sonnenbrand bekommt, ein Sonnenschutzmittel mit hohem Lichtschutzfaktor (LSF 30 und höher) verwendet werden.

■ **A1** Beschreibe, wie sich unser Auge verhält, wenn in einem dunklen Raum das Licht angeht.

■ **A2** Eulen und Katzen haben auffallend große Augen. Erkläre.

■ **A3** Erstelle ein Plakat über die Gefahren des Sonnenlichtes und wie man sich davor schützt.

Energie unterwegs mit Licht

■ **V1 a)** Schließe einen Elektromotor an eine Solarzelle an. Beleuchte Sie mit einer Lampe (→**B1**). Sobald Licht auf die Solarzelle trifft, beginnt der Motor zu laufen.

b) Bedecke die Solarzelle teilweise mit einer Pappe. Je mehr von der Solarzelle abgedeckt ist, desto langsamer läuft der Motor.

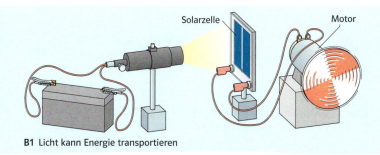

B1 Licht kann Energie transportieren

Licht und Energie In Abbildung **B2** sieht man das Solarmobil „Spirit of Biel II" aus der Schweiz, das beim härtesten Solarrennen der Welt in Australien gewann. In 46 Stunden und 23 Minuten legte die „Spirit of Biel II" die Strecke von 3 004,76 km zurück. Die Energie für das Wettrennen erhielt der Elektromotor des Solarmobils ausschließlich aus dem Sonnenlicht.

Mit dem Sonnenlicht können wir nicht nur sehen, sondern erhalten auch Energie. Dies sehen wir z. B. daran, dass ein schwarzer Körper im Sonnenlicht heiß wird. Die Energie des Lichts können wir aber auch in elektrische Energie umwandeln. Solarzellen werden immer häufiger zum Betrieb von elektrischen Geräten eingesetzt. Sie wirken als elektrische Quellen. Man findet Solarzellen z. B. bei Taschenrechnern, Uhren, Messstationen, Signaleinrichtungen oder Weidezäunen. Sie beziehen ihre Energie nicht nur kostenlos von der Sonne, sie ersparen uns häufig auch die Herstellung und Entsorgung von Batterien und Akkus.

Der Versuch in Abbildung **B1** verdeutlicht, wie Energie mit dem Licht transportiert wird: Schaltet man die Lampe ein, so setzt sich der Elektromotor in Bewegung. Dies zeigt, dass in ihm Energie umgewandelt wird. Diese Energie hat auf ihrem Weg dorthin mehrere Umwandlungsprozesse durchgemacht (→**B3**): Sie stammt zunächst aus dem Akku, der sie durch den elektrischen Strom an die Glühlampe abgibt. Mit dem Licht gelangt sie zur Solarzelle. Dort wird sie abermals umgewandelt und erreicht über den elektrischen Strom den Motor. Allerdings gelangt nur ein Teil der vom Akku abgegebenen Energie zum Motor. So wird z. B. in der Glühlampe ein Teil der Energie zur Temperaturerhöhung des Lampengehäuses abgezweigt.

● **Licht transportiert Energie.**

B2 Solarmobil

B3 Zum Versuch in Abbildung **B1**

Die Energie, die durch das Licht von der Sonne zur Erde transportiert wird, spielt für das Leben auf der Erde eine große Rolle: Ohne Sonne wäre es hier nicht nur stockdunkel, sondern auch bitterkalt. Körper, z. B. die Erde, die Ozeane, die Luft usw., können Licht absorbieren, sodass ihre Temperatur steigt und wir insgesamt ein erträgliches Klima haben. Die Pflanzen benötigen Licht zum Wachstum. Andererseits sind Pflanzen wieder eine Nahrungsquelle für Menschen und Tiere.

■ **A1** Nenne Geräte, bei denen eine Solarzelle als elektrische Quelle eingesetzt wird.

■ **A2** Nenne Beispiele aus Natur und Technik, bei denen die vom Licht transportierte Energie zu einer Temperaturerhöhung von Körpern führt.

► S.131 Energie

Kompetenz — Experimente planen und durchführen

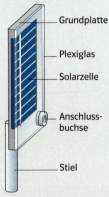

B1 Solarzelle mit Gehäuse

Solarzellen und Lichtquellen Aus den vorhergehenden Abschnitten weißt du, dass jede Solarzelle bei Beleuchtung als elektrische Quelle wirkt. Die mit dem Licht transportierte Energie kann in ihr so umgesetzt werden, dass man mit ihr elektrische Geräte, z. B. ein Messgerät, betreiben kann. Der angezeigte Wert am Messgerät ist dann ein Maß für die Energie, die mit dem Licht transportiert wurde. Dabei muss man beachten, dass eine in einiger Entfernung stehende Solarzelle nur einen Bruchteil der Energie aufnimmt, den eine Lichtquelle über das Licht aussendet.

Wovon hängt nun der Wert auf der Anzeige des Messgerätes, also die von der Solarzelle aufgenommene Energie ab, wenn man eine Solarzelle wie in **B3** dargestellt, beleuchtet? Dies kann man mit Experimenten untersuchen.

Experimente sind eine wichtige Untersuchungsmethode in der Physik. Wie man dabei vorgeht zeigt das folgenden Beispiel.

Problem: Wovon hängt der Wert auf der Anzeige des Messgerätes in Abbildung **B3** ab, wenn man die Solarzelle beleuchtet?

Vermutung:
1 beleuchtete Fläche der Solarzelle
2 Farbe des Lichts
3 Abstand der Lichtquelle von der Solarzelle
4 Art der Lichtquelle (z. B. Taschenlampe, Experimentierleuchte)

Versuchsplanung: Bei der Versuchplanung muss beachtet werden, dass man nicht zwei Dinge gleichzeitig verändert (z. B. Abstand und Farbe des Lichtes), da man sonst nicht herausfinden kann, wovon die Beobachtung im Versuch (z. B. Anzeige des Messgerätes) abhängt.

Material: siehe Abbildung **B2**
Versuchaufbau: Baue den Versuch wie in Abbildung **B4** dargestellt auf.

■ **V1** (zu Vermutung 1) Die Experimentierlampe hat einen festen Abstand von 10 cm zur Solarzelle. Lies das Messgerät bei unabgedeckter, bei ¼, ½ und ¾ mit Pappe abgedeckter Solarzelle ab.

■ **V2** (zu Vermutung 2) Die Experimentierlampe hat einen festen Abstand von 10 cm zur unabgedeckten Solarzelle. Lies das Messgerät bei verschieden farbigen Folien vor der Lampe ab.

■ **V3** (zu Vermutung 3) Vor der Experimentierlampe befindet sich keine farbige Folie. Die Solarzelle ist unabgedeckt. Lies das Messgerät ab, wenn der Abstand der Lampe von der Solarzelle 5 cm, 10 cm, 15 cm, 20 cm und 25 cm beträgt.

■ **V4** (zu Vermutung 4) AUFTRAG: Überlege, wie der Versuch durchgeführt werden muss.

Versuchsdurchführung: Führe die Versuche **V1** bis **V4** durch. Arbeite konzentriert und sorgfältig.

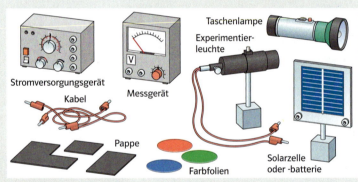

B2 Material für die Versuche

Beobachtung/Ergebnis: Schreibe deine Beobachtung zu jedem Versuch auf und formuliere das Ergebnis in einem „Je ..., desto ..."-Satz.

Ergebnis: Beantworte die Problemfrage.

■ **A1** Wer hat die hellste Taschenlampe? Gib ein Prüfexperiment zum Helligkeitsvergleich von Taschenlampen an (Aufbau, Durchführung). Welche Bedingungen musst du für einen fairen Vergleich beachten?

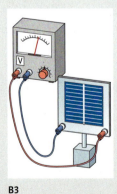

B3   **B4** Versuchsaufbau

Licht breitet sich geradlinig aus

■ **V1** Eine Glühlampe mit kleinem Glühdraht lässt enge Lichtbündel durch Löcher in einem Pappkarton austreten. Durch Rauch oder versprühtes Wasser werden die Lichtbündel sichtbar gemacht (→**B1**). Beschreibe den Verlauf der Lichtbündel.

■ **V2** Lege ein Blatt Papier auf eine Styroporplatte und stecke zwei Stecknadeln durch das Papier in die Platte. Halte die Platte so, dass du mit einem Auge direkt über dem Papier die Nadeln genau hintereinander siehst! Stecke weitere Nadeln so ein, dass du sie genau hintereinander siehst! Überprüfe anschließend mit dem Lineal, ob die Einstichstellen auf einer Geraden liegen!

■ **V4** Wir ordnen wie in Abbildung **B4** eine Experimentierleuchte und mehrere Platten mit runden Öffnungen in einer Reihe so an, dass wir einen geraden Stab durch alle Öffnungen schieben können. Wir halten ein Stück weißes Papier als Lichtanzeiger an verschiedene Stellen. Wenn wir Rauch oder Kreidestaub zwischen die Platten bringen, erkennen wir von der Seite ein Lichtbündel.

B1

B2 Leuchttürme weisen den Weg.

B3 Laserlicht im Tunnel

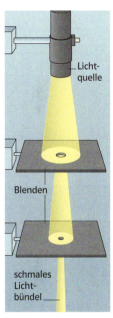

B4 Blenden begrenzen Lichtbündel.

Lichtbündel und Lichtstrahlen Scheinwerfer lassen das Licht der eingebauten Lichtquelle meist nur in bestimmte Richtungen austreten. Sie erzeugen ein **Lichtbündel**.

Auch das Sonnenlicht, das durch das Fenster ins Zimmer gelangt, oder das Licht eines Leuchtturms bilden ein Lichtbündel. Bringt man Rauch oder fein versprühtes Wasser in den Lichtweg (→**B2**), so erkennt man:

● **Lichtbündel sind stets geradlinig begrenzt.**

Hält man nach der ersten Blende wie in Abbildung **B4** eine zweite mit kleinerer Öffnung in den Lichtweg, so erhält man ein schmaleres Lichtbündel. In Gedanken kann man durch weitere Blenden, mit jeweils kleinerer Öffnung, immer schmalere Lichtbündel erzeugen. Das schmalste Lichtbündel, das man sich vorstellen kann, nennt man einen **Lichtstrahl**. Mit diesem **Modell** werden Richtung und Weg des Lichtes angegeben. Lichtstrahlen lassen sich nicht erzeugen, deshalb verwendet man bei Versuchen ganz schmale Lichtbündel.

Straßen und Schienen führen manchmal durch Tunnel, um eine bessere Verkehrsführung zu erreichen. Damit beim Bau die gewünschte Richtung eingehalten wird, nutzt man die geradlinige Ausbreitung des Lichtes. Als Lichtquellen verwendet man Laser (→**B3**). Sie liefern schmale, lichtstarke Lichtbündel. Treffen diese ins Auge, können sie allerdings erheblichen Schaden verursachen. **Deshalb darf der direkte Laserstrahl nie ins Auge treffen.** Laser werden auch in der Messtechnik, bei Operationen oder bei CD-Spielern eingesetzt.

■ **A1** Erkläre, warum man in dem Foto **B3** den Laserlichtstrahl sieht.

■ **A2** Beobachte im Dunkeln den Lichtkegel einer Taschenlampe, wenn das Lichtbündel entlang einer Wand verläuft. Beschreibe das Bild auf der Wand.

Licht 99

Licht und Schatten

B1

B2 Schattentheater

■ **V1** Wir beleuchten eine Wand mit einer Glühlampe, deren Glühwendel kurz ist. Zwischen dieser Lichtquelle und der Wand steht ein Schüler. Wir sehen einen scharf begrenzten Schatten des Schülers. Nun stellen wir neben die erste Glühlampe eine zweite. Wir sehen jetzt zwei Schatten, die sich überschneiden können (→ B1).

■ **V2** Im Versuch **V1** verändern wir den Abstand zwischen den beiden Lichtquellen. Mit einem Papierblatt stellen wir fest, dass der ganz dunkle Bereich hinter dem Schüler spitz zuläuft und ein Ende hat! Hinter diesem Ende finden wir sogar wieder einen ganz hellen Raumbereich!

■ **V3** Wir wiederholen Versuch **V1** mit nur einer Glühlampe und verändern die Entfernungen zwischen Lichtquelle, Gegenstand und Schirm. Wir stellen fest, dass die Schattengröße von den Entfernungen abhängt.

■ **V4** Mit einer hellen Lampe und einem Bettlaken kannst du ein Schattentheater (→ B2) einrichten. Bei größerem Abstand der Schauspieler vom Bettlaken entstehen Riesen! Probiere, ob man auch Zwerge machen kann.

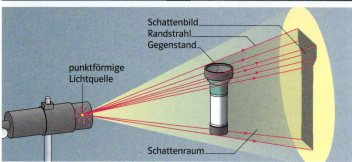

B3 Schattenbild eines Körpers und Erklärung mit Hilfe der Randstrahlen

Schattenraum und Schattenbild Trifft ein Lichtbündel auf einen lichtundurchlässigen Gegenstand, so bleibt der Raum hinter dem Gegenstand dunkel (→ B3 oben). Dieser lichtfreie Bereich heißt **Schattenraum**.

Auf den Gegenstand trifft ein Lichtbündel. Aufgrund der geradlinigen Ausbreitung kann kein Licht in den Schattenraum gelangen. Die Lichtstrahlen, die gerade noch an dem Gegenstand vorbeigehen, begrenzen den Schattenraum (→ B3 unten). Sie heißen **Randstrahlen** und legen auf der Wand oder auf einem Schirm das **Schattenbild** fest.

● Beleuchtet man einen undurchsichtigen Gegenstand, so entsteht hinter ihm ein Bereich ohne Licht, der Schattenraum.

Das Schattenbild hat nur dann einen scharfen Rand, wenn die Lichtquelle sehr klein – nahezu **punktförmig** – ist. Die kurze Glühwendel der Glühlampe erfüllt diese Bedingung recht gut. Solche Lichtquellen heißen auch **Punktlichtquellen**. Ausgedehnte Lichtquellen ergeben verschwommene Schattenränder.

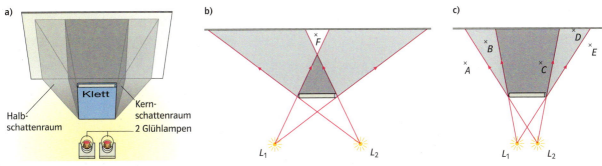

B1 Entstehung von Kern- und Halbschattenräumen bei zwei punktförmigen Lichtquellen

Kernschatten und Halbschatten
Beleuchtet man einen Gegenstand mit zwei punktförmigen Lichtquellen, so entstehen komplizierte Schattenräume (→ **B1a**). Stehen die Lichtquellen zunächst etwas weiter auseinander, beobachtet man zwei Schatten auf dem Schirm. Schiebt man die Lichtquellen näher zusammen, dann überdecken sich die Schattenräume teilweise. Der besonders dunkle Bereich in der Mitte ist der **Kernschattenraum**. Ihm schließen sich zwei schwach beleuchtete Gebiete, die **Halbschattenräume**, an. Daran grenzen dann die hell beleuchteten Außenbereiche.

Die geradlinige Ausbreitung des Lichts hilft auch hier bei der Erklärung: Von jeder der beiden Lichtquellen L_1 und L_2 geht ein Lichtbündel aus. Sie erzeugen hinter dem Gegenstand einen Schattenraum. Ist der Abstand der Lampen größer als die Breite des Gegenstands (→ **B1b**), dann ergibt sich hinter dem Gegenstand ein eng begrenzter, unbeleuchteter Kernschattenraum. Da der Schirm weiter von dem Gegenstand entfernt ist, sieht man nur die einzelnen, von L_1 bzw. L_2 herrührenden Schattenbilder und der Punkt F in **B1b** erhält Licht von beiden Lichtquellen.

In Abbildung **B1c** stehen die Lampen eng beieinander. Die Punkte A und E sind im hellen Gebiet, da sie von beiden Lichtquellen beleuchtet werden. Zu Punkt B gelangt nur das Licht von L_1, zu D nur das von L_2. Beide gehören zum Halbschattenraum. C liegt im Kernschattenraum, da weder von L_1 noch von L_2 Licht zu C gelangt.

● **Zwei punktförmige Lichtquellen erzeugen hinter einem undurchsichtigen Gegenstand einen Kernschattenraum und Halbschattenräume.**

Große und kleine Schatten
Die Größe des Schattenbildes hängt von der Größe des Gegenstands ab, der den Schatten erzeugt (→ **B2a**). Aber auch die Abstände Lichtquelle – Gegenstand und Gegenstand – Schirm beeinflussen die Größe des Schattenbildes (→ **B2b**).

● **Das Schattenbild eines Gegenstands wird umso größer, je kleiner sein Abstand von der Punktlichtquelle ist. Er ist bei einem größeren Gegenstand größer als bei einem kleineren.**

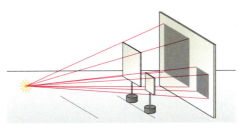

B2a Größe von Gegenstand und Schattenbild

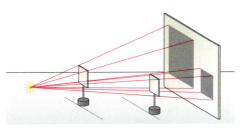

B2b Schattenbildgröße und Abstände

B3 Bei Nacht auf der Straße

Merke: Das Modell des Lichtstrahls bewährt sich bei der Konstruktion von Schattenbildern

■ **A1** Erläutere, wie es in Abbildung **B3** zu den drei Schattenfiguren der Katze kommt.

■ **A2** Beschreibe, wie man die Grenzen von Schattenräumen vorhersagen kann.

■ **A3** Im Gegensatz zu einer Glühlampe oder einem Scheinwerfer wirft eine Leuchtstoffröhre keinen scharfen Schatten. Erkläre dies!

Licht **101**

Licht und Schatten im Weltall

B1 Beleuchtete Erde im Weltraum

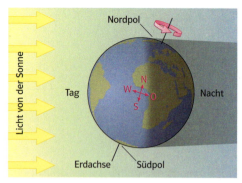

B2 So entstehen Tag und Nacht.

B3 Nur ein Teil des Balls ist beleuchtet.

Tag und Nacht Liveübertragungen von Autorennen in Japan sind bei uns in Europa immer nachts zu sehen, obwohl sie dort tagsüber stattfinden. In Japan ist es also Tag und gleichzeitig bei uns Nacht. Dies kannst du dir folgendermaßen erklären: Das Foto **B1** zeigt, wie man die Erde aus einer Raumstation im Weltall sieht: Eine Kugel, die im Raum schwebt und von der Sonne beleuchtet wird. Dabei erreicht das Licht nur eine Seite der Erde – während die andere Seite im Schattenraum liegt.

Das bedeutet, dass zum gleichen Zeitpunkt auf einem Teil der Erde Tag und auf dem anderen Teil Nacht ist (→**B2**). Einmal in 24 Stunden dreht sich die Erde um ihre eigene Achse, die durch den Nord- und den Südpol verläuft. Wir drehen uns dabei mit und durchfahren abwechselnd die Tag- und Nachtseite so, dass für uns die Sonne im Westen „untergeht" und im Osten „aufgeht".

Die Mondphasen Auch der Mond ist eine Kugel im Weltraum, die sich um die Erde dreht. Je nachdem, an welcher Position seiner Bahn er sich befindet, sieht er für uns auf der Erde verschieden aus. Um dies zu verstehen, könnt ihr zu zweit folgendes Experiment durchführen: Ihr braucht dazu eine sehr helle Lichtquelle (z. B. Diaprojektor) und einen weißen Ball. Während du in einem abgedunkelten Raum auf einem Stuhl sitzt, hält der andere den Ball hoch und geht langsam um dich herum. Beobachte genau, was du von der beleuchteten Seite des Balls sehen kannst (→**B3**) und zeichne dies für vier verschiedene Positionen.

Genau wie der beleuchtete Ball sich um dich gedreht hat, dreht sich der Mond um die Erde. Als Lichtquelle dient nun die Sonne. Wir sehen den Mond in verschiedenen Formen oder „Phasen": Als Sichel, Halbmond oder Vollmond. Jede Phase wiederholt sich nach 29,5 Tagen, also etwa nach einem Monat.

Stelle dich in Abbildung **B4** in Gedanken auf den Nordpol und blicke von da aus zum Mond. Du erkennst, dass für den Beobachter auf der Erde z. B. in Stellung 7 die linke Mondhälfte, in Stellung 3 die rechte beleuchtet ist. Bei Neumond sehen wir auf die von der Sonne nicht beleuchtete Mondseite.

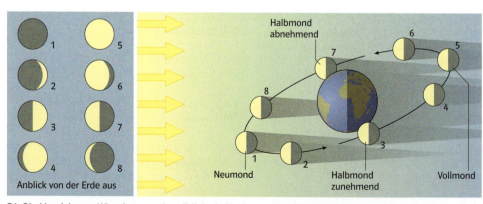

B4 Die Mondphasen: Wir sehen nur einen Teil der beleuchteten Mondoberfläche.

Finsternisse

Mondfinsternisse Da die Sonne eine riesige Lichtquelle ist, entstehen hinter der Erde Kern- und Halbschattenraum (→ **B1**). Der Kernschattenraum der Erde reicht fast 1,5 Millionen km in den Weltraum. Wenn nun der Mond in den Kernschattenraum der Erde eintritt, so kommt es zu einer Mondfinsternis. Abbildung **B1** erklärt, warum das nicht jeden Monat geschieht: Die Bahn des Mondes um die Erde ist gegenüber der Bahn der Erde um die Sonne geneigt. Läuft der Mond nur durch den Halbschattenraum der Erde, wird der Mond nicht ganz dunkel, weil er ja noch von ein wenig Licht getroffen wird. Tritt er in den Kernschattenraum ein, können wir ihn nicht mehr sehen.

Sonnenfinsternisse Eine Sonnenfinsternis zu sehen, ist ein ganz besonderes Erlebnis, das die Menschen schon immer stark beeindruckt hat. Am hellen Tag verfinstert sich die Sonne und nur die leuchtende Korona (→ **B3**) ist zu sehen. Einige Minuten lang tritt Dämmerung ein. Zu einer Sonnenfinsternis kann es nur bei Neumond kommen, wenn sich der Mond zwischen Erde und Sonne befindet. Dort, wo der Mondschatten die Erde trifft, entsteht eine Sonnenfinsternis. Wie du in Abbildung **B2** siehst, entsteht bei einer Sonnenfinsternis ein Kern- und ein Halbschattenraum. Wenn du dich im Kernschattenraum befindest, „siehst" du die Sonne ganz vom Mond verdeckt, eine totale Sonnenfinsternis. Die Menschen, die sich im Halbschattenraum befinden, sehen die Sonne nur teilweise verdeckt, also eine partielle Sonnenfinsternis.

Häufigkeiten von Finsternissen Sonnenfinsternisse kommen jedes Jahr mindestens zweimal vor. Der Kernschattenraum hat auf der Erdoberfläche weniger als 300 km Durchmesser. Durch die Bewegung von Erde und Mond wandert dieser Schattenraum auf der Erdoberfläche auf einem Streifen von mehreren tausend Kilometer Länge. Da dieses Gebiet also vergleichsweise klein ist, kann man eine totale Sonnenfinsternis jeweils nur auf einem Teil der Tagseite der Erde beobachten. Seltener als Sonnenfinsternisse finden Mondfinsternisse statt. Im Gegensatz zur Sonnenfinsternis können sie dafür von der ganzen Nachtseite der Erde aus beobachtet werden.

■ **A1** Warum kann es bei Vollmond keine Sonnenfinsternis und bei Neumond keine Mondfinsternis geben?

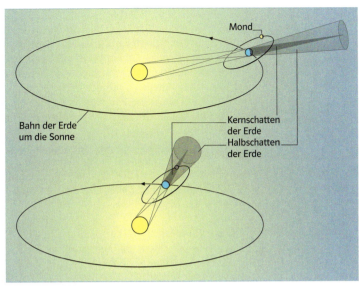

B1 Mondfinsternis

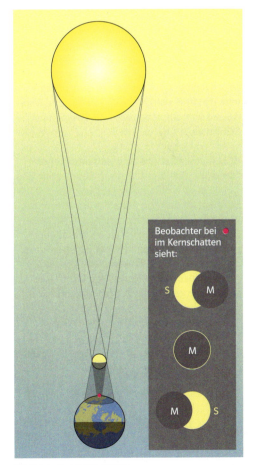

B2 Totale Sonnenfinsternis

B3

Licht **103**

Abbildungen

■ **V1** Zwischen eine Kerze und einen durchscheinenden Schirm stellen wir eine Blende mit veränderbarer Öffnung (→ **B1**). Bei großer Öffnung der Blende beobachten wir auf dem Schirm einen hellen Lichtfleck. Wenn wir die Öffnung verkleinern, wird der Fleck dunkler. Bei sehr kleiner Öffnung wird ein Bild der Flamme erkennbar.

■ **V2** Nun verändern wir die Entfernung zwischen Kerze und Blende sowie zwischen Blende und Schirm. Dabei verändert sich die Größe des Kerzenbildes.

■ **V3** Wir ersetzen die Kerze durch eine Anordnung verschiedenfarbiger, punktförmiger Lampen. Auf dem Schirm erzeugt jede Lampe einen Lichtfleck, der sich mit der Blendenöffnung verkleinert. Die Lichtflecke ergeben ein umgekehrtes Bild der Lampenanordnung.

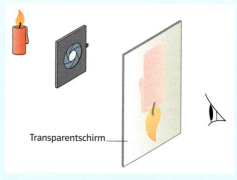

B1

Bilder aus Lichtflecken Gelangt Licht von einem hellen Gegenstand durch eine kleine Öffnung einer Blende auf einen Schirm, so ist darauf ein **Bild** des Gegenstandes zu erkennen. Das Bild ist, verglichen mit dem Gegenstand, **umgekehrt**, es steht auf dem Kopf und ist seitenverkehrt. Die Größe des Bildes hängt vom Abstand zwischen Gegenstand und Blende und vom Abstand zwischen Blende und Schirm ab.

● **Je kleiner der Abstand zwischen Gegenstand und Blende ist, desto größer ist das Bild.**

Mit dem Modell „Lichtstrahl" verdeutlichen wir uns das für verschiedene Punkte einer Kerzenflamme (→ **B2**). Jede dieser punktförmigen Lichtquellen ruft einen kleinen Lichtfleck auf dem Schirm hervor. Benachbarte Punkte ergeben benachbarte Flecke. Alle Lichtflecke zusammen ergeben ein Bild der Flamme.

● **Das mit einer Blende erzeugte Bild eines Gegenstandes besteht aus Lichtflecken.**

Bilder in diesem Buch oder im Fernsehgerät bestehen ebenfalls aus einer großen Zahl von winzigen Lichtflecken.

Bei großer Öffnung der Blende entstehen große Lichtflecke, die sich auch überlappen (→ **B3**). Das Bild ist unscharf und der Gegenstand ist im Bild kaum zu erkennen. Je kleiner die Öffnung der Blende ist, desto kleiner sind die Lichtflecke. Das Bild wird schärfer, jedoch weniger hell.

● **Ein scharfes Bild entsteht nur, wenn die Lichtflecke ausreichend klein sind.**

■ **A1** Weshalb entsteht ohne Blende kein Bild der Lichtquelle auf dem Schirm?

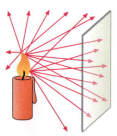

B4 Ohne Blende trifft auf jeden Punkt des Schirms Licht von jedem Punkt der Flamme. Wir erkennen kein Bild.

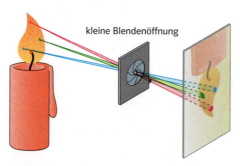

B2 Schmale Lichtbündel – scharfe Bilder

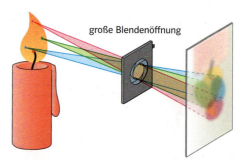

B3 Breite Lichtbündel – große Lichtflecke

Abbildungen mit der Lochkamera — Werkstatt

Ein Vorgänger des Fotoapparats ist die **Lochkamera**. Sie wurde früher von Malern benutzt, um z. B. Landschaften abzumalen (→ B1).

Die Lochkamera besteht aus einem lichtundurchlässigen Kasten, bei dem in die vordere Wand ein kleines Loch gebohrt ist. Ersetzt man die Rückwand durch einen durchscheinenden Schirm, so sind auf ihm alle Gegenstände vor der Lochkamera, die Licht aussenden, zu erkennen. Diesen Kasten nennt man auch Camera obscura, was soviel heißt wie dunkler Raum.

Material: Zwei ineinander passende Pappröhren (je etwa 30 cm lang), dünne Pappe, Transparentpapier, Schere und Kleber (→ B2).

Bauanleitung: Schneide aus der Pappe eine runde Scheibe aus (der Durchmesser sollte größer sein als der Durchmesser der Pappröhren). Bohre mit einem dünnen Nagel in die Mitte dieser Scheibe ein Loch mit einem Durchmesser von 1 bis 2 mm (→ B3). Klebe die Scheibe auf ein Ende der äußeren Röhre (→ B4). Klebe auf ein Ende der inneren Röhre das Transparentpapier (→ B5); es dient als Bildschirm. Stecke nun die beiden Röhren ineinander – fertig ist deine Lochkamera.

Versuchsanleitung: a) Betrachte zunächst einen hellen Gegenstand (z. B. eine Kerze) durch deine Lochkamera. Vergleiche den Gegenstand mit dem Bild, das auf dem Schirm erscheint. Gehe anschließend mit deiner Lochkamera näher an den Gegenstand heran. Wie ändert sich das Bild? Was passiert, wenn du dich mit der Lochkamera von dem Gegenstand entfernst?

b) Verschiebe die beiden Pappröhren gegeneinander (→ B7). Betrachte den Gegenstand jeweils aus der gleichen Entfernung. Erkennst du zwischen der Länge der Lochkamera und der Bildgröße einen Zusammenhang?

c) Was passiert, wenn du die Größe des Lochs in der Lochkamera veränderst? Stich dazu unterschiedlich große Öffnungen in ein Stück Pappe. Vergrößere das Loch in der Pappscheibe und bringe jede der Blenden einmal davor an (→ B6). Wie ändert sich das Bild eines hellen Gegenstands?

B1 Historische Darstellung der Camera obscura

B2 Material B3 Durchstechen der Pappscheibe B4 Aufkleben der Pappscheibe … B5 … und des Schirms B6 Unterschiedliche Blenden

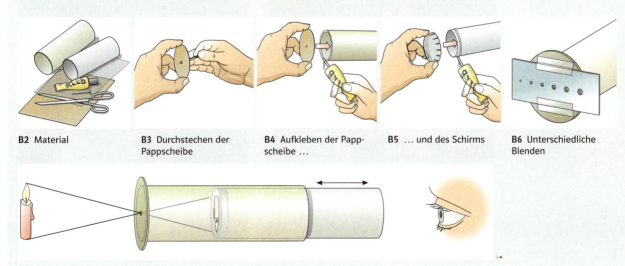

B7 Prinzipskizze einer Lochkamera

Rückblick

Auf den vorhergehenden Seiten hast du einige Versuche, neue Begriffe, Beobachtungen und Erklärungen kennen gelernt. Wenn du die folgenden Aufgaben bearbeitest, erstellst du dir selbst eine Zusammenfassung des Kapitels und kannst überprüfen, ob du das Wichtigste verstanden hast. Bist du an einer Stelle unsicher, dann schlag noch einmal nach.

1 Begriffe
Was versteht man unter
a) einer Lichtquelle?
b) einem Lichtstrahl, einem Lichtbündel?
c) einer Blende?
d) einem Schatten?
e) einem Spektrum?

2 Beobachtungen
Was beobachtet man, wenn
a) Licht durch mehrere, hintereinander in gleicher Höhe stehende, gleich große Blenden hindurchtritt?
b) ein vor einem Schirm stehender lichtundurchlässiger Gegenstand von einer punktförmigen Lichtquelle beleuchtet wird?
c) man den Mond anschaut, wenn er mit Erde und Sonne ein rechtwinkliges Dreieck bildet?

3 Erklärungen
Wie lässt sich erklären, dass
a) man einen beleuchteten Gegenstand sieht?
b) es Sonnen- und Mondfinsternisse gibt?
c) eine ausgedehnte Lichtquelle kein scharfes Schattenbild erzeugt?
d) eine kleine Blende von einem lichtaussendenden Gegenstand auf einem Schirm ein deutliches Bild erzeugt?

4 Gesetzmäßigkeiten
Beschreibe mit eigenen Worten,
a) wie sich Licht in einem Raum mit Gegenständen ausbreitet.
b) den Zusammenhang von Schattenraum, Randstrahlen und Schattenbild.
c) wie eine Größenänderung der Bilder von Gegenständen zu erzielen ist, die mit kleinen Blenden auf einem Schirm erzeugt wurden.

Erläutere die Erscheinungen in den folgenden Bildern und beantworte die Fragen!

B1 Warum kann man die Lichtbündel sehen?

B2 Warum hat jeder Spieler mehrere Schatten?

B3 Warum sieht man zwei Schlösser?

B4 Warum sieht man den Mond unvollständig?

Heimversuche

1 Schatten groß und klein Nimm ein Heft als Schattenkörper. Halte es in verschiedenen Abständen in den Lichtkegel einer Taschenlampe vor eine helle Wand. Überprüfe mit einer Messreihe die Beziehung zwischen Schattengröße und Abstand.

2 Wir bauen eine Sonnenuhr! Ein in die Erde gesteckter Stab wirft einen Schatten, dessen Richtung von der Stellung der Sonne und damit von der Tageszeit abhängt. Nur wenn man den Stab so aufstellt, dass er parallel zur Erdachse verläuft, zeigt der Schatten im Frühjahr wie im Herbst, im Sommer wie im Winter zur gleichen Tageszeit auch immer in die gleiche Richtung.

Mache dir mit einem Streichholz an einem Globus klar, wie der Stab an verschiedenen Stellen auf der Erde aufgestellt werden muss! Du erhältst die richtige Stellung des Schattenstabes, wenn dieser so aufgestellt wird, wie es Abbildung **B1** zeigt:

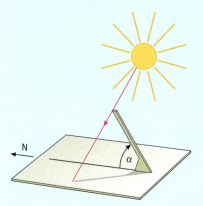

B1 Bau einer Sonnenuhr – der Winkel α ist gleich der geografischen Breite

1 Bestimme mit einem Kompass die Nordrichtung!
2 Der Stab muss mit der Grundebene einen Winkel bilden, der gleich der „geografischen Breite" deines Heimatortes ist! Diesen Winkel kannst du den Karten in deinem Schulatlas entnehmen (Beispiel: Köln 51°, Münster 52°)! Benutze als Schattenstab entweder einen Holzstab, den du in die Erde steckst, oder einen dicken Draht auf einer Holzplatte, den du in die angegebene Richtung biegst!

Zeichne an einem sonnigen Tag zu jeder vollen Stunde den Schatten nach und schreibe die Zeit daran – damit ist die Sonnenuhr fertig.

3 Das sichtbar gemachte Küken im Ei Schneide aus Pappe den Umriss eines Kükens aus, der etwas kleiner als ein Ei sein soll (→**B3**). Stelle das Küken und das Ei nebeneinander etwa 20 cm vor einen Schirm. Wie kann man mit Hilfe von zwei Kerzen erreichen, dass der Schatten des Kükens im Schatten des Eis erscheint? Weshalb ist es sinnvoll – um die Erscheinung besonders effektvoll vorzuführen –, den Schirm nicht zu breit zu machen?

4 Das im Raum schwebende Bild Bewege im abgedunkelten Raum einen Zeigestock im Lichtkegel eines Projektors, der ein Dia enthält, rasch auf und ab (→**B4**). Im Raum erscheint ein Bild, welches dort ohne schnell bewegten Stock nicht zu sehen ist. Finde eine Erklärung für das Entstehen des Bildes.

5 Untersuchungen mit der Lochkamera Wie sieht das Bild aus, wenn das kleine Loch der Kamera nicht rund, sondern eckig ist? Verwende Blenden mit unterschiedlichen Formen der Öffnungen. Stelle zwei Kerzen nebeneinander und erzeuge mit einer Lochkamera ein Bild davon. Nimm eine Kerze weg und erzeuge das gleiche Bild, das du mit zwei Kerzen erzeugt hast. Was musst du an der Kamera verändern?

6 Wir bauen einen Helligkeitsmesser Ein Fettfleck auf durchscheinendem Papier erscheint heller als das Papier, wenn man den Fleck gegen das Licht betrachtet (→**B2**). Ist die Helligkeit auf beiden Seiten des Fettflecks gleich, so ist der Fleck nicht mehr zu sehen. Stelle je eine Kerze im gleichen Abstand vor und hinter den Helligkeitsmesser. Vergrößere nun den Abstand einer Kerze auf das Doppelte. Untersuche, wie viele gleiche Kerzen du hinzufügen musst, um auf beiden Seiten des Flecks wieder gleiche Helligkeit zu bekommen?

7 Farbkreisel Stelle aus einer bemalten Pappscheibe und einem Bleistift einen Kreisel wie in Abbildung **B5** her. Versetze ihn in schnelle Drehung.

B3

B4

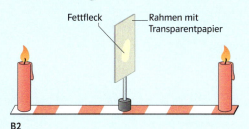

B2

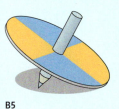

B5

Aufgaben

B1 Wann erscheint uns der Mond so?

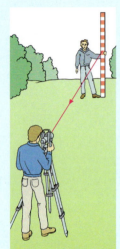

B2

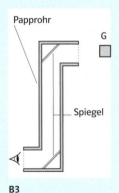

B3

Zum Sehen / Lichtausbreitung

1 Du siehst eine brennende Kerze und die Figur (→ **B5**). Skizziere, wie das Sehen funktioniert. Schreibe auch einen kurzen Text.

B5

2 „Undurchdringliche Finsternis", ein „stechender Blick", sie „wirft einen Blick zurück". Beurteile jeweils, ob diese Aussagen physikalisch richtig sind.

3 Einige Leute behaupten, Katzen und Eulen könnten in vollständiger Dunkelheit sehen. Haben Sie recht? Begründe!

4 Erkläre, weshalb auch am Tag in mehr als 100 m Wassertiefe völlige Dunkelheit herrscht.

5 Du wirst gefragt, wie weit das Licht einer Taschenlampe maximal reicht. Welche Antwort gibst du? Begründe!

6 Um gerade Linien im Gelände festzulegen, peilen Landvermesser mit einem kleinen Fernrohr auf eine von einem Helfer gehaltene rot-weiß gestrichene Stange (→**B2**). Nenne die Eigenschaft des Lichtes, die sie dabei nutzen.

7 Finde heraus: Welche der Punkte A, B, C, D in **B6** werden von der Lichtquelle nicht beleuchtet? Erläutere dein Vorgehen.

B6

8 Nina ist der Meinung, dass man beim Blick in das Rohr (siehe Grafik **B3**) den Gegenstand G sehen kann. Norbert meint, dass das wegen der geradlinigen Lichtausbreitung nicht möglich ist. Was meinst du dazu? Begründe!

9 Nenne Sicherheitseinrichtungen im Verkehr, die mit Licht zu tun haben. Ordne sie nach Lichtquellen und nach beleuchteten Gegenständen.

Schatten und Finsternisse

10 Den Mond kann man nicht nur nachts, sondern manchmal auch am Tag sehen. Zeichne für einen solchen Fall Sonne, Mond und Erde. Erläutere deine Überlegung.

11 Konstruiere die Schatten für die Anordnungen von Lichtquelle (L), Gegenstand (G) und Schirm (S) in Abbildung **B4**. Was ist auf dem Schirm zu sehen? Formuliere ein Ergebnis!

12 Was benötigt man, damit ein Schattenbild entsteht? Worauf muss man achten, damit die Ränder möglichst scharf sind?

13 Wie lassen sich mit Kerzen und einer Kugel die Schattenbilder in Abbildung **B7** erzeugen? Zeichne!

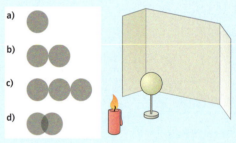

B7

14 a) Erkläre mit einer Skizze, wie es zu einer Mondfinsternis kommen kann.
b) Zeichne die Stellung von Sonne, Mond und Erde bei Halbmond von oben aus gesehen.

15 Bei einer Mondfinsternis beobachtet man, dass der Schatten der Erde immer einen kreisförmigen Rand hat. Was kann man daraus schließen?

16 Gruppenarbeit: Informiert euch über Aufbau und Funktionsweise eines Fotoapparats. Vergleiche den Fotoapparat mit dem menschlichen Auge (z. B. Welche Elemente entsprechen sich? Worin unterscheiden sich Fotoapparat und Auge? ...). Präsentiert eure Ergebnisse (z. B. mit einem Plakat).

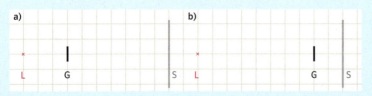

B4

Schall

Wie weit ist das Gewitter entfernt?

Online-Link
772423-0600

Vom Hören

B1

Schall umgibt uns ständig Höre eine Minute bewusst auf alles, was du mit den Ohren wahrnimmst. Du wirst feststellen, dass pausenlos irgendwelche Geräusche und Klänge auf dich einströmen. Ein Vogel zwitschert, die Uhr tickt, ein Auto hupt, Wasser rauscht, eine Katze schnurrt, eine Tür quietscht usw.

Den ganzen Tag brummt, summt, klappert, knallt, pfeift und klingt es um uns herum. Jeder nimmt diese Eindrücke anders wahr. Manche Geräusche empfinden wir als angenehm, andere wiederum als störend und unangenehm.

Finde Beispiele bei deinem „Hörversuch", bei denen ein Hörereignis gleichzeitig als störend und angenehm empfunden werden könnte!

Merke: Schallquellen erzeugen Schall. Schallempfänger reagieren auf Schall.

Von der Quelle zum Empfänger Im täglichen Leben ist es manchmal notwendig, Menschen vor Gefahren zu warnen oder auf besondere Situationen aufmerksam zu machen. Dieses geschieht häufig durch Schall. Autos hupen, bei Rettungswagen oder einem Löschzug der Feuerwehr ertönt eine Sirene.

Auch für das Zusammenleben der Menschen und Tiere ist Schall wichtig, denn der Austausch von Informationen geschieht häufig durch Schall. Menschen nutzen den Schall, indem sie Informationen durch Sprache austauschen. Bei Tieren geschieht dies über Laute; Hunde bellen, Vögel zwitschern.

Manchmal ist es aber auch notwendig, sich vor Schall zu schützen. Ohrenärzte stellen immer häufiger Schädigungen des Gehörs fest. Ursache für diese Gehörschäden sind hohe Lautstärken, die über einen längeren Zeitraum auf das menschliche Ohr einwirken.

Musikinstrumente, Lautsprecher, Maschinen, Menschen und Tiere erzeugen Schall. Wir nehmen alle Eindrücke mit unseren Ohren wahr.

● **Alles, was man hören kann, ist Schall.**

Gegenstände, die Schall erzeugen oder mit denen sich Schall erzeugen lässt, sind **Schallquellen**. Körper, die Schall aufnehmen, nennt man **Schallempfänger** (→B2). Nicht nur mit unseren Ohren nehmen wir Schall auf, mit Hilfe technischer Geräte wie z.B. Mikrofonen lässt sich Schall empfangen und dann weiterverarbeiten.

■ **A1** Nenne verschiedene Schallquellen und beschreibe, wie sie sich anhören!

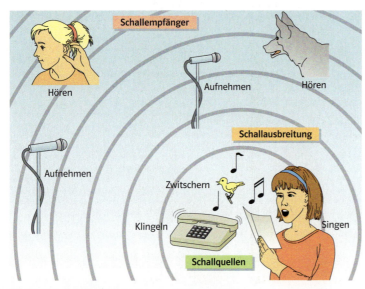

B2 Schallquellen, Schallausbreitung und Schallempfänger

Schall fühlen und sehen

■ **V1** Spanne eine lange Stricknadel oder eine Fahrradspeiche in einen Schraubstock und lasse das obere Ende der Nadel frei schwingen (→ **B2**). Wiederhole dies mit unterschiedlich tief eingespannter Nadel.

■ **V2** Schlage eine Stimmgabel an, die eine Schreibspitze an einem Zinken hat, und ziehe die Spitze über eine berußte Glasscheibe (→ **B1**).

■ **V3** Befestige eine aus Alufolie oder Papier geformte kleine Kugel an einem dünnen Faden. Halte sie wie in Abbildung **B3** so, dass sie den Rand eines leeren Glases oder einer Stimmgabel gerade berührt.

■ **V4** Schlägst du eine Stimmgabel an und tauchst sie dann sofort wie in Abbildung **B4** ins Wasser, so spritzt das Wasser beim Eintauchen der Stimmgabel auf.

■ **V5** Lege Reiskörner auf die Membran eines tönenden Lautsprechers.

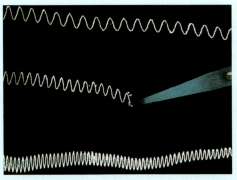

B1

B2

Lernstationen:
Die Versuche **V1** bis **V5** lassen sich auch als Lernzirkel durchführen. Fertigt dazu entsprechende Stationenkarten an.

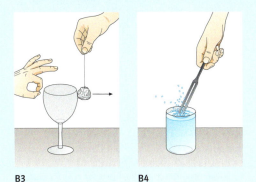

B3 B4

Schallentstehung Legt man beim Sprechen die Hand an den Kehlkopf, so kann man die Worte nicht nur hören, sondern auch ein Vibrieren in der Kehle fühlen.

Berührt man mit den Lippen eine angeschlagene Stimmgabel, so spürt man, dass die Zinken hin und her schwingen. Die Bewegung der Membran eines tönenden Lautsprechers kann man ebenfalls fühlen.

Offensichtlich ist die Entstehung von Schall mit der Hin- und Herbewegung eines Körpers verbunden. Diese Hin- und Herbewegungen nennt man **Schwingungen**.

● **Die Erzeugung von Schall ist mit Schwingungen von Schallquellen verbunden.**

Diese Schwingungen von Schallquellen verlaufen in der Regel so schnell, dass sie mit bloßem Auge kaum zu sehen sind. Um sie sichtbar zu machen, braucht man Hilfsmittel wie z. B. Wasser, Aluminiumkügelchen oder Reiskörner (→ **V3, 4, 5**).

Bei Mücken, Fliegen oder Bienen entstehen die für sie so charakteristischen Geräusche wie Summen und Brummen durch die schnellen Hin- und Herbewegungen ihrer Flügel im Flug. Was aber bewegt sich bei einer Blockflöte? In die Öffnung geblasener Rauch zeigt, dass es die Luft ist, die schwingt.

B5 Der Maikäfer brummt.

Schall **111**

Schall sichtbar gemacht

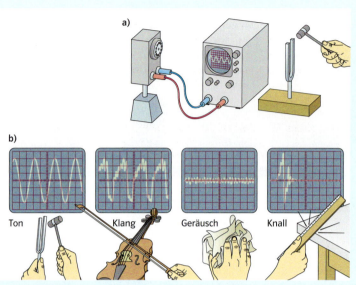

B1 Versuchsaufbau (a), Messergebnisse (b)

■ **V1** Wir verbinden ein Mikrofon mit einem Oszilloskop (→ **B1a**). Mit einer Stimmgabel, einer Geige, einem Papier und einem Lineal erzeugen wir einen Ton, einen Klang, ein Geräusch und einen Knall. Abbildung **B1b** zeigt die dabei auftretenden Schwingungsbilder auf dem Oszilloskop.

■ **V2 a)** Schlage eine Stimmgabel einmal leicht und einmal fest an. Beschreibe die Lautstärke des Tons und das Bild auf dem Bildschirm des Oszilloskops.
b) Nimm nun mehrere Stimmgabeln, die verschiedene Töne erzeugen. Schlage die Stimmgabeln an und ordne sie nach der Tonhöhe. Beschreibe, worin sich das Bild auf dem Bildschirm des Oszilloskops bei einem höheren und einem tieferen Ton unterscheidet.

B2

Tonhöhe und Frequenz, Lautstärke und Amplitude Mit Hilfe eines **Oszilloskops** lässt sich Schall sichtbar machen. Ein Mikrofon wandelt den Schall in elektrische Signale um. Diese werden als Schwingungskurve auf dem Bildschirm des Oszilloskops angezeigt.

Ordnet man Stimmgabeln nach ihrer Tonhöhe, dann stellt man folgendes fest: Je höher der wahrgenommene Ton, desto größer ist die auf der Stimmgabel angegebene Zahl (→ **B2**). Die Angabe auf der Stimmgabel wird als Frequenz bezeichnet. Die Angabe 440 Hz (sprich: „440 Hertz") bedeutet z. B., dass die Stimmgabel in einer Sekunde 440 volle Schwingungen ausführt. Auf dem Bildschirm des Oszilloskops sieht man, dass die tiefer klingende Stimmgabel langsamer schwingt als die höher klingende Stimmgabel (→ **B4a**). Die Einheit Hertz der Frequenz ist nach dem Physiker **Heinrich Hertz** (1857–1894) benannt.

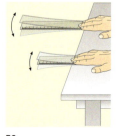

B3

● **Je schneller die Schwingung eines klingenden Körpers, desto höher der Ton. Tiefe Töne haben eine kleine Frequenz, hohe Töne eine große Frequenz.**

Schlägt man eine Stimmgabel leicht an, so erhält man am Oszilloskop ein Schwingungsbild wie in Abbildung **B4b**. Schlägt man fest gegen die Stimmgabel, so wird der Ton lauter, die Stimmgabel schwingt weiter aus. Der Aus-

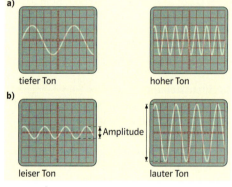

B4

schlag auf dem Oszilloskop wird größer. Der größte Ausschlag wird als **Amplitude** bezeichnet (→ **B4b**).

● **Je größer die Amplitude, desto lauter ist der wahrgenommene Ton.**

Das lässt sich auch bei einem schwingenden Lineal beobachten (**B3**). Je länger das frei schwingende Ende des Lineals ist, desto langsamer schwingt es. Es erklingt ein tiefer bzw. gar nicht mehr hörbarer Ton. Es ergibt sich ein höherer Ton, wenn ein kürzeres Stück des Lineals schwingt. Die Hin- und Herbewegung erfolgt so schnell, dass sie mit bloßem Auge kaum zu sehen ist. Weit ausgelenkt erklingt das Lineal lauter als bei geringer Auslenkung.

Schall ganz unterschiedlich Je nach Schwingungsbild lässt sich Schall in Ton, Geräusch, Knall und Klang einteilen.

Bei gleichmäßigen Schwingungen spricht man von reinen **Tönen**, wie sie z.B. von Stimmgabeln erzeugt werden. Durch viele verschiedene Schwingungen mit unterschiedlichen Frequenzen und Amplituden entsteht ein **Geräusch**. Bei einem **Knall** schwingt die Schallquelle dabei nur kurz, aber heftig. Instrumente erkennt man an ihrer Klangfarbe. So unterscheidet sich der gleiche Ton *a* – von verschiedenen Instrumenten erzeugt – in seinem Schwingungsbild. Ein **Klang** erscheint auf dem Oszilloskopschirm als von höheren Tönen überlagerter Grundton. Gerade in dieser Vielfalt von Klängen liegt der Reiz der Musik.

Die Stimmen von Menschen weisen ebenfalls große Unterschiede im Schwingungsbild auf. Anhand dieser Abweichungen lassen sich Stimmen eindeutig wiedererkennen, was z.B. der Kriminalpolizei bei der Identifizierung von Telefonerpressern hilft.

● **Bei einem Ton schwingt die Schallquelle gleichmäßig. Bei einem Geräusch schwingt die Schallquelle unregelmäßig. Bei einem Knall schwingt sie kurz, aber heftig.**

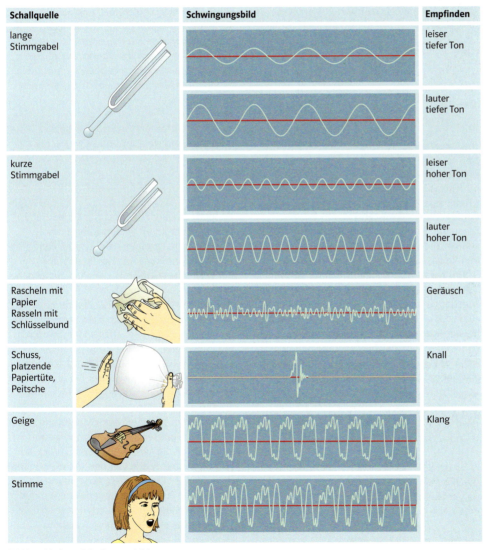

B1 Verschiedene Schwingungsbilder

Schall unterwegs

B1

■ **V1** Vor ein Tamburin stellen wir in einigen Zentimetern Entfernung eine brennende Kerze (→ B1). Schlagen wir das Tamburin an, so flackert die Kerze.

■ **V2** Entfernen wir eine tickende Uhr etwa 1 m von unserem Ohr, so hören wir sie nicht mehr. Halten wir eine Stativstange direkt zwischen Ohr und Armbanduhr, so hören wir das Ticken wieder deutlich.

■ **V3** Ein Wecker (→ B2) ist nicht zu überhören. Sein Ton wird leiser, wenn wir ihn auf weiches Schaumgummi legen und eine Glasglocke darüber stülpen. Pumpen wir die Luft aus der Glasglocke ab, so wird der Ton immer leiser, bis wir ihn zuletzt gar nicht mehr hören. Am Vibrieren sehen wir, dass er sogar unhörbar klingelt.

■ **V4** Ein Schüler stellt sich weit entfernt von der Klasse auf den Schulhof. Versucht er, den anderen etwas zuzurufen, so ist er nur schlecht zu hören. Hält er seine Hände wie einen Trichter vor den Mund, so hört man ihn wesentlich besser.

■ **V5** Mehrere Schülerinnen und Schüler stellen sich mit Stoppuhren verschieden weit von einem Mitschüler mit einer Starterklappe auf einem Weg auf. Im Augenblick des Zusammenschlagens der Klappen starten sie ihre Stoppuhren. Beim Hören des Knalls stoppen sie die Uhren.

Bei einer Entfernung von zum Beispiel 480 m messen sie als Mittelwert 1,5 s; bei 600 m ergibt sich als Mittelwert 1,8 s.

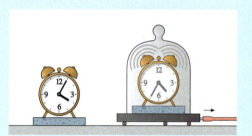

B2

Ein Modell zur Ausbreitung des Schalls

Stimmbänder, Saiten, Lautsprecher sind Schallquellen, die schnelle Schwingungen ausführen. In der Physik bedienen wir uns eines **Modells** (→ B3), um zu veranschaulichen, wie solche Schwingungen von der Quelle zum Empfänger übertragen werden:

Bei der Schraubenfeder besitzen zunächst alle Windungen den gleichen Abstand. Werden an einem Ende einige Windungen zusammengeschoben, so wandert diese Verdichtung der Windungen durch die gesamte Feder. Ziehen wir die Feder an einem Ende auseinander, wandert eine Verdünnung durch die Feder. Bei einer Verdünnung sind also die Abstände der Windungen größer als im Ruhezustand, bei Verdichtungen kleiner als im Ruhezustand. Bewegen wir ein Ende der Feder periodisch hin und her, so laufen abwechselnd Verdichtungen und Verdünnungen der aneinander gekoppelten Windungen wie eine Welle durch die Feder. Luft stellen wir uns als eine Menge von Teilchen vor. Ähnlich wie bei einer Schraubenfeder werden die an eine schwingende Membran angrenzenden Luftteilchen zur Seite gestoßen. Diese geben – mit geringer Verzögerung – den Stoß an die angrenzenden Teilchen weiter. Bewegt sich die Membran wieder zurück, so füllt die angrenzende Luft den frei werdenden Raum wieder. Die so erzeugten Luftverdichtungen und Luftverdünnungen wandern nun von der Schallquelle weg und breiten sich als „**Schallwelle**" in alle Richtungen aus.

● **Die Ausbreitung einer Folge von Luftverdichtungen und Luftverdünnungen wird als Schallwelle bezeichnet.**

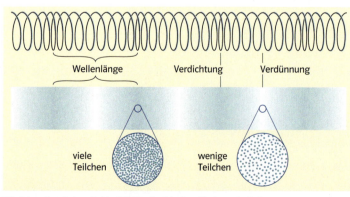

B3 Schraubenfeder als Modell für die Schallausbreitung in Luft

Schallträger Nach dem Modell mit der Schraubenfeder lösen die Schwingungen einer Schallquelle in der sie umgebenden Luft eine Folge von Luftverdichtungen und Luftverdünnungen aus.

Nicht nur in Luft, sondern auch in flüssigen und festen Stoffen breiten sich Schallwellen auf diese Weise aus. Ohne einen Stoff als **Schallträger** gibt es keine Verdichtungen und Verdünnungen, Schall kann sich also im leeren Raum nicht ausbreiten.

Bei der Ausbreitung wird die Schallschwingung vom Schallträger gedämpft. Harte Stoffe dämpfen weniger als weiche. Stoffe, in denen sich der Schall schnell ausbreitet, bezeichnet man auch als gute Schallträger.

- **Schall braucht einen Träger, um von der Schallquelle zum Schallempfänger zu gelangen.**

Schall braucht Zeit Aus Erfahrung weiß jeder, dass ein Gewitterblitz immer vor dem Donner bemerkt wird. Die Ausbreitung der Verdichtungen und Verdünnungen im Schallträger braucht Zeit.

Die **Schallgeschwindigkeit** ist von der Stoffart und der Temperatur des Schallträgers abhängig. Abbildung **B1** zeigt einen Versuchsaufbau zur Messung der Schallgeschwindigkeit in Luft. Eine Stoppuhr misst die Zeit zwischen dem Empfang des Signals am ersten Mikrofon und den Empfang am zweiten Mikrofon. Wenn diese Messung für verschiedene Strecken durchgeführt wird, so erhalten wir für den Quotienten aus Strecke und Zeit immer denselben Wert. Schall breitet sich im selben Stoff also immer gleich schnell aus. In Luft legt der Schall in einer Sekunde etwa 340 Meter zurück. In Flüssigkeiten und festen Stoffen breitet er sich meistens wesentlich schneller aus (→ **B3**).

- **Die Schallgeschwindigkeit in Luft beträgt ca. 340 m/s (Meter pro Sekunde).**

Schall wird reflektiert Treffen Schallwellen auf harte Gegenstände wie z. B. Bergwände oder Glasscheiben, so können sie von diesen zurückgeworfen, reflektiert werden. Dabei ändert sich die Ausbreitungsrichtung des Schalls, der Schall wird umgelenkt. Diese Eigenschaft kann man bei folgendem Experiment beobachten:

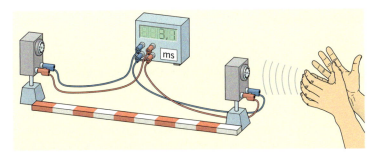

B1 Messung der Schallgeschwindigkeit in der Luft

Stellt man einen laut tickenden, auf Watte gebetteten Wecker in ein oben offenes Gefäß (→ **B4**), so hört man das Ticken des Weckers nur noch direkt über der Öffnung des Gefäßes deutlich. Hält man allerdings über die Öffnung des Gefäßes einen Spiegel, so dass eine Person von einem beliebigen Platz aus die Uhr im Spiegel sehen kann, wird sie das Ticken wieder hören können, wenn sie ihr Ohr in Richtung Spiegel dreht.

Der Schall wird zunächst an den Wänden des Gefäßes reflektiert und kann sich hauptsächlich nach oben ausbreiten. Anschließend wird er an der glatten Oberfläche des Spiegels reflektiert und somit umgelenkt. Statt des Spiegels können auch andere feste Materialien mit glatter Oberfläche benutzt werden.

Gummi	150
Luft	340
Kork	540
Alkohol	1180
Wasserstoff	1330
Wasser	1480
Silber	2640
Eis	3300
Buchenholz	3400
Glas	5100
Eisen	5170

B3 Schallgeschwindigkeit in m/s bei 20 °C

Schall überträgt Energie Beim Starten und Landen von Flugzeugen kommt es vor, dass in Wohnungen in der Nähe des Flugplatzes Gläser im Schrank und Glasscheiben anfangen zu klirren (→ **B2**). Das Klirren wird stärker, wenn die Lautstärke es Flugzeugs sehr groß wird. Der Schall des Flugzeugs überträgt Energie. Dieses erkennen wir daran, dass die Gläser in Bewegung gesetzt werden und aneinander schlagen.

- **Energie wird mit dem Schall transportiert.**

B2 Schall transportiert Energie

B4

Schall **115**

Physik überall — Echo und Nachhall

Wenn Schallwellen reflektiert werden, kann dies zu einem **Echo** führen. In den Bergen ist ein Echo nichts Ungewöhnliches. Die Schallwellen werden dabei an den hohen Felswänden reflektiert und kommen mit einer gewissen Zeitverzögerung wieder an unserem Ohr an. Da der Schall in 1s etwa 340 m zurücklegt, ist der Effekt umso größer, je weiter die Entfernung zwischen Schallquelle und reflektierender Wand ist.

In Räumen mit glatten Wänden kann das Echo so rasch auf das gesprochene Wort folgen, dass das Echo nur als **Nachhall** wahrgenommen wird. Während er beim Reden sehr stört, ist Nachhall bei Musikveranstaltungen oft erwünscht. Wände und Decken von Konzerthallen oder -pavillons werden als Reflektoren für Schallwellen gebaut (→B2).

B1

Soll die Schallreflexion hingegen vermieden werden, müssen raue und poröse Oberflächen gewählt werden, da diese die Schallwellen nicht in eine bestimmte Richtung zurückwerfen, sondern in alle Richtungen reflektieren und einen großen Teil des Schalls sogar absorbieren (verschlucken).

Echolot In der Technik nutzt man die Reflexion des Schalls, um Entfernungen zu bestimmen. Das in der Schifffahrt eingesetzte Gerät zur Bestimmung von Meerestiefen nennt man **Echolot**. Es besteht aus einem Schallsender und einem Schallempfänger, die am Rumpf des Schiffes angebracht sind. Das von der Schallquelle erzeugte Signal wird am Meeresboden reflektiert und vom Empfänger wieder aufgenommen (→B1). Die Zeit zwischen Aussendung und Empfang des Signals dient zur Berechnung der Meerestiefe. Mit dem Echolotverfahren können auch große Fischschwärme geortet werden, die diese Schallsignale reflektieren. So erhalten die Fischer Informationen, in welcher Tiefe die Netze geschleppt werden müssen.

■ **A1** Berechne die Meerestiefe, wenn bei einem Echolot die Zeit zwischen Aussendung und Empfang des Signals 0,5 s beträgt. (Die Schallgeschwindigkeit in Meerwasser beträgt 1522 m/s.)

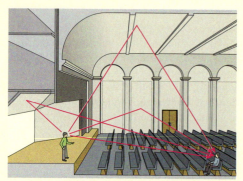

B2 Konzerthalle

Werkstatt — Schalldämpfung

Entlang vieler Bundesstraßen, Autobahnen und Eisenbahnlinien, die durch dicht besiedelte Wohngebiete führen, stehen hohe Wände oder Wälle. Sie sollen den Lärm dieser Verkehrswege verringern. Wie diese Schallschutzwände funktionieren, soll in Experimenten untersucht werden:

■ **V1** Ein an einen Tongenerator angeschlossener Lautsprecher erzeugt einen Ton (z. B. 3 000 Hz). Die entstehenden Schallwellen werden mit einem Mikrofon empfangen. Am Oszilloskop lässt sich die Lautstärke des Schalls ablesen.

Bringe zwischen Lautsprecher und Mikrofon verschiedene Gegenstände aus Stein, Holz, Glas, Metall, Styropor. Miss mit dem Lineal für jeden Gegenstand die Amplitude der Schwingung auf dem Oszilloskop. Vergleiche!

■ **V2** Untersuche den Einfluss der Dicke des Materials zwischen Schallquelle und Schallempfänger. Stelle eine Messtabelle auf und trage die Werte in ein Diagramm ein.

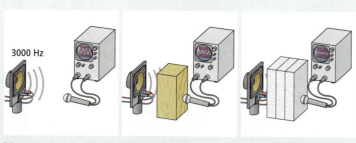

B3

Spickzettel

Oft fällt es uns schwer, die Inhalte eines Sachtextes in freier Rede wiederzugeben. Hierbei kann uns ein kleiner „Spickzettel" helfen, auf dem das Wichtigste möglichst übersichtlich dargestellt ist.

Es gilt folgende Regel: Auf dem Spickzettel sollten höchstens **10 bis 12 Wörter**, jedoch **beliebig viele Bilder** und Zahlen stehen.

Gehe bei der Erstellung eines Spickzettels folgendermaßen vor:
1 Lies den Text sorgfältig durch und markiere wichtige Stellen mit dem Bleistift.
2 Überfliege das Unterstrichene und markiere Schlüsselbegriffe.
3 Unterstreiche Nebeninformationen zu den Schlüsselbegriffen. (Beachte: Markiere nicht zu viel – weniger ist mehr!)
4 Erstelle nun deinen Spickzettel. Überlege dir dabei auch, welche Abbildungen sich gut eignen könnten und welche Begriffe die wichtigsten sind.

Ein Beispiel für einen Spickzettel findest du auf dieser Seite. Er gehört zum Text auf der Seite 112.

■ **A1** Erstelle weitere Spickzettel zu einzelnen Seiten in diesem Buch. Trage den Inhalt anschließend einem Mitschüler in freier Rede vor.

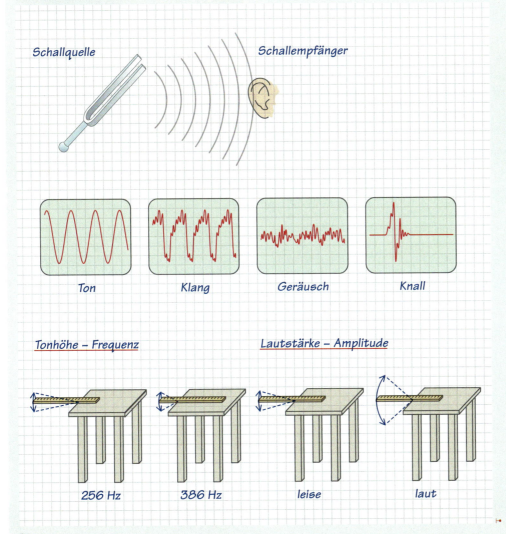

B1

Werkstatt – Hören in Natur und Technik

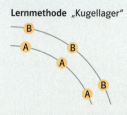

Lernmethode „Kugellager"

Phase I: Bildet zwei Gruppen A und B. Gruppe A liest den Text zum Ohr, B zu den technischen Schallempfängern. Jeder Schüler notiert sich Stichworte mit wesentlichen Merkmalen.

Phase II: Gruppenmitglieder A bilden einen Innenkreis, Mitglieder der Gruppe B ordnen sich außen dazu und erläutern ihren Partnern aus Gruppe A die technischen Schallempfänger.

Phase III: Die Mitglieder der Gruppe B rücken im Uhrzeigersinn zwei Plätze weiter und hören den Vortrag der neuen Partner aus Gruppe A zum Ohr an.

Phase IV: Die Mitglieder der Gruppe B rücken erneut zwei Plätze weiter. Gemeinsam mit den neuen Partnern aus Gruppe A erstellen sie eine Tabelle mit Gemeinsamkeiten und Unterschieden zwischen Ohr und Mikrofon.

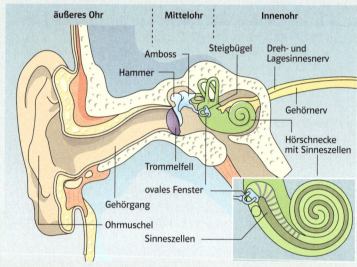

B1 Der Aufbau des menschlichen Ohres

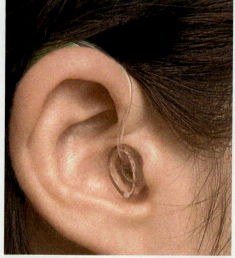

B2

Das Ohr als Schallempfänger

Das Ohr ist unser Schallempfänger (→B1). Der Schall breitet sich durch die Luft aus und gelangt in unser Ohr.

Der Schall wird von der Ohrmuschel wie von einem Trichter aufgefangen und von dort durch den Gehörgang zum Trommelfell geleitet. Das Trommelfell wird vom Schall zum Mitschwingen angeregt. Die mit ihm verbundenen Gehörknöchelchen (Hammer, Amboss, Steigbügel) leiten die Schwingungen an das Innenohr weiter.

Im Innenohr befindet sich die sogenannte Hörschnecke. In der Hörschnecke werden die Schwingungen in elektrische Nervensignale umgewandelt, die über den Gehörnerv an das Gehirn weitergeleitet werden. Unser Ohr kann Schall mit Frequenzen zwischen 16 Hz und 20 000 Hz wahrnehmen. Im Laufe des Lebens sinkt die obere Hörgrenze in 10 Jahren um etwa 2 000 Hz. Deshalb hören manche ältere Menschen das Zirpen der Grillen nicht mehr, weil die hohen Frequenzen des Zirpens oberhalb ihrer Hörgrenze liegen.

Technische Schallempfänger

Genau so wie unser Ohr ist auch ein **Mikrofon** (→B3) ein Schallempfänger. Der ankommende Schall regt im Mikrofon eine Membran zum Schwingen an. Diese Schwingung wird dann auf ein elektronisches System übertragen. Mikrofone benötigt man beispielsweise zum Aufnehmen von Geräuschen oder von Musik oder um leise Geräusche oder Sprache mit einem Verstärker laut hörbar zu machen.

Mikrofone spielen auch in **Hörgeräten** (→B2) eine große Rolle. Hörgeräte helfen Menschen mit Schwerhörigkeit. Sie werden in den Gehörgang eingesetzt und bestehen aus einem Mikrofon, einem Verstärker und einem Lautsprecher.

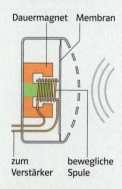

B3 Mikrofon (Prinzip)

Wie hören verschiedene Lebewesen?

Physik überall

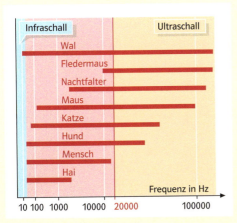

B1 Hörbereiche verschiedener Lebewesen

Die Hörbereiche verschiedener Tiere unterscheiden sich.

Hunde haben einen anderen Hörbereich als wir Menschen. Deshalb können sie den sehr hohen Ton einer Hundepfeife hören, den das Herrchen selbst nicht mehr hören kann. Weitere Beispiele für Hörbereiche von Tieren zeigt **B1**.

Auch Fische können hören. Allerdings haben sie kein so kompliziertes Ohr wie die Menschen. Sie haben nur ein einfaches Innenohr ohne Schnecke. Sie hören nur Töne bis zu wenigen Kilohertz.

Wale sind Säugetiere, deren Ohren ähnlich wie unsere aufgebaut sind. Vielleicht hast du schon etwas von den „Walgesängen" der Buckelwale (→ **B3**) gehört?

Wale verständigen sich mit Signalen, deren Frequenzen etwa im menschlichen Hörbereich liegen. Sie können aber auch Signale erzeugen und hören, die im Ultraschallbereich liegen. Diese verwenden sie – wie die Fledermäuse (→ **B2**) – zur Orientierung (Echopeilung).

B2 Fledermaus

B3 Buckelwale

Die Ohrmuschel vergrößert die Fläche für den auftreffenden Schall. Mit den Händen kann diese Empfangsfläche vergrößert werden. Wir hören dann besser.

Einige Tiere haben nicht nur sehr große Ohrmuscheln. Sie können diese auch noch bewegen. Die Tiere können ihre Ohren so stellen, dass sie zur Schallquelle gerichtet sind.

Räumliches Hören Wir können auch feststellen, woher der Schall kommt. Unsere Ohren sind etwa 15 cm voneinander entfernt. Deshalb kommt der Schall meistens nicht gleichzeitig an beiden Ohren an. Aus dem Zeitunterschied kann unser Gehirn den Ort der Schallquelle bestimmen (→ **B4**).

Es kann noch Zeitunterschiede von 1/34 000 s feststellen. Kommt der Schall genau von vorne oder von hinten, ist kein Zeitunterschied vorhanden.

Diese Zeitverzögerung nutzen Stereoaufnahmen für einen räumlichen Höreindruck aus. Über zwei Kanäle (z. B. zwei Mikrofone, die im Abstand der Ohren aufgestellt sind und z. B. ein Konzert aufnehmen) werden die Schallsignale registriert bzw. weitergeleitet.

Am Wiedergabeort strahlt der linke Lautsprecher der Stereoanlage die Aufnahme des linken Kanals, der rechte die des rechten Kanals ab.

B4 Räumliches Hören durch zwei Ohren

Schall 119

Werkstatt Musikinstrumente selbst gebaut

B1 Bongos

B2 Panflöte

B3 Flaschenorgel

B4 Zupfkiste

B5 Bass

B6 Gartenschlauchtrompete

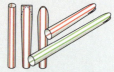
B7 Strohhalmschalmei

B8 Selbst gebaute Instrumente im Einsatz

Die folgenden Musikinstrumente kannst du selbst mit einfachen Mitteln nachbauen. Wenn deine Klassenkameraden auch Instrumente bauen, könnt ihr sie vielleicht sogar im Musikunterricht benutzen.

Bongos Material: 3 oder mehr unterschiedlich lange stabile Pappröhren (oder auch alte runde Kaffee- oder Plätzchendosen), mehrere Bögen „Elefantenhaut" (spezielles Papier, das im Bastel- oder Schreibwarengeschäft erhältlich ist), Schnur oder Kordel
Versuchsanleitung: Lege die Elefantenhaut kurz in lauwarmes Wasser. Wringe sie dann vorsichtig aus. Bespanne nun die Öffnungen der Röhren mit der Elefantenhaut und befestige die Haut mit einer Kordel. Nach dem trocknen der Elefantenhaut kannst du mit den Bongos spielen.

Panflöte Material: 8 unterschiedlich lange Stücke Plastikschlauch, Schilfrohr oder Ähnliches, ein dünnes Band oder Klebefilm
Versuchsanleitung: Binde oder klebe die 8 Flötenstücke (ca. 7 bis 15 cm Länge) der Größe nach aneinander. Bläst du über die Öffnungen hinweg, kannst du Töne erzeugen.

Flaschenorgel Material: Mindestens 8 leere Flaschen der gleichen Sorte
Versuchsanleitung: Fülle die 8 Flaschen unterschiedlich hoch mit Wasser, sodass beim Dagegenschlagen eine Tonleiter zu hören ist. Du kannst auch über die Flaschenöffnungen hinwegpusten.

Zupfkiste Material: Hölzerne Kiste (z. B. Zigarrenkiste) oder stabiler Pappkarton, unterschiedlich dicke Drähte, Gummibänder, Nylonschnur, Schere

Versuchsanleitung: Spanne über die Holzkiste unterschiedlich dicke Drähte, Gummibänder und Nylonschnüre und befestige sie sorgfältig. Durch Anzupfen kannst du Töne erzeugen,

Bass Material: Vierkantholz (ca.1m) oder Besenstiel, dünner Draht oder Nylonschnur, größere Konservendose oder Plastikeimer
Versuchsanleitung: Spanne den Draht so der Länge nach über das Vierkantholz, dass du die Konservendose gerade zwischen Holz und Draht einklemmen kannst. Zupfe nun den Draht an.

Gartenschlauchtrompete Material: Gartenschlauch (ca.1m), Trichter
Versuchsanleitung: Baue die Schlauchtrompete, wie im Bild zu sehen. Blase wie bei einer Trompete in das Schlauchende, um Töne zu erzeugen.

Strohhalmschalmei Material: Dicker Strohalm aus Kunststoff, Schere.
Versuchsanleitung: Flache den Strohhalm an einem Ende ca. 1cm an beiden Seiten ab (→ **B7**). Schneide nun den Strohhalm wie auf dem Bild zu sehen, halbkreisförmig ab. Stecke nun das rund geschnittene Ende zwischen die Lippen, presse die Lippen etwas aufeinander und blase hinein. Achte dabei darauf, dass die beiden Zungen frei schwingen können.

Lärm schädigt unser Wohlbefinden!

Aufheulende Motoren, startende Passagierjets, quietschende Bremsen von Zügen, Rasenmäher usw. sind akustische Erscheinungen unserer modernen Umwelt.

Diese Art von Schall, den ein Mensch als störend oder sogar schmerzhaft empfindet, nennt man Lärm. Eine repräsentative Umfrage ergab, dass 50 % der Großstadtbewohner über zu hohen Straßenlärm und 40 % über Fluglärm klagen. Schienenlärm, Lärm aus der Industrie und aus dem Gewerbe belästigen die Bevölkerung deutlich weniger. Aber auch hier kann es passieren, dass durch das zeitgleiche Auftreten des Lärms dieser als störend empfunden wird. Eine starke oder dauerhafte Lärmbelästigung kann zu gesundheitlichen Schädigungen führen.

Als Maß für die Lautstärke wird das Dezibel (dB) verwendet. Der Schmerzschwelle entsprechen 130 dB. Sehr große Lautstärken können Trommelfell und Teile des Innenohres beschädigen oder sogar zerstören. Um Schädigungen durch Lärm einschätzen zu können, hat man folgende Klassifizierung vereinbart (→ B1):
- Lärmstufe 1: 35 – 65 dB, psychische Beeinträchtigung, z. B. der Konzentrationsfähigkeit;
- Lärmstufe 2: 65 – 85 dB, psychische und physische Störungen, vorwiegend im Bereich des vegetativen Nervensystems (Nervosität, Herz- und Kreislaufbeschwerden, Verdauungsstörungen, Kopfschmerzen, Schlaflosigkeit, allgemeine Leistungsabnahme);

B2 Haarzellen

- Lärmstufe 3: 85 – 120 dB, bei Dauereinwirkung irreversible Lärmschwerhörigkeit möglich;
- Lärmstufe 4: über 120 dB, unmittelbare Schädigung des Gehörorgans.

Dabei ist besondere Vorsicht geboten, da das Lärmempfinden sehr unterschiedlich ist und unter anderem von der Einstellung des Hörers abhängt. In Diskotheken z. B. werden besonders hohe Lautstärken von den Zuhörern nicht als störend empfunden. Leider ändert dies nichts an den teilweise erst zu einem späteren Zeitpunkt auftretenden Nebenwirkungen. So hat eine Untersuchung des Bundesgesundheitsministeriums an 2 000 jungen Männern ergeben, dass über 24 % der untersuchten Personen durch zu laute Musik deutlich messbare Gehörschäden im Frequenzbereich zwischen 2 kHz und 6 kHz aufweisen.

Was richtet Lärm im Innenohr an?

In der Schnecke des Innenohres befinden sich etwa 16 000 Hörsinneszellen (Haarzellen), die über Nerven mit dem Gehirn in Verbindung stehen. In der Schnecke des Innenohres wird die Schallwelle wie eine Brandungswelle gebrochen und erregt die Haarzellen (→ B2).

Damit die empfindlichen Haarzellen ständig einsatzbereit sind, müssen sie gut durchblutet sein. Bei anhaltender Anregung der Haarzellen durch starken Lärm werden einige Sinneszellen direkt zerstört oder die Durchblutung wird gestört. Dadurch können ebenfalls Haarzellen absterben. Abgestorbene Haarzellen können nicht nachwachsen. Deswegen sind solche Schäden irreparabel. Fallen viele Haarzellen aus, wird man schwerhörig oder gar taub. Mit Hilfe von Ohrstöpseln kann man sich schnell und wirkungsvoll vor Lärm schützen.

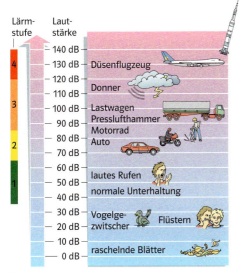

B1 Lärmstufen

Wie schützt man sich vor Lärm?

B1 Lärmschutzwand

B2 Kleinere Häuser, Gärten und Parks

Es gibt eine Reihe von Möglichkeiten, unsere Lärmbelastung zu verringern. Am besten ist es natürlich, wenn weniger Lärm erzeugt wird. In einigen Bereichen ist dies leider aber nur begrenzt möglich, so dass man sich Lärmschutzvorrichtungen überlegt hat. Für den Straßenverkehr gibt es ein paar Maßnahmen, die zur Lärmreduzierung beitragen.

1 Mit Umgehungsstraßen kann der Durchgangsverkehr von Innenstädten und Ortskernen ferngehalten werden.
2 Durch Geschwindigkeitsminderungen von 50 km/h auf 30 km/h in Wohngebieten sinkt der Lärmpegel um 3 dB.
3 Beim Bau von Straßen ist besonders auf glatte Oberflächen und auf den Einsatz von geräuscharmen Fahrbahnbelägen zu achten.
4 Entlang vieler Bundesstraßen und Autobahnen, die durch Wohngebiete führen, werden Lärmschutzwände (→B1) errichtet.
5 Durch schalldämpfende Maßnahmen an Kraftfahrzeugen kann der Straßenlärm erheblich reduziert werden. Hierzu zählen:
– Verkapselung von Dieselmotoren mit schalldämmenden Materialien
– Einsatz von geräuscharmen Bereifungen bei allen Fahrzeugen.
– Einsatz von Schalldämpfern in Auspuffanlagen, die den internationalen Normen entsprechen.

Eine besondere, natürliche Maßnahme ist die Anlage von sogenannten „Grünen Zonen" (→B2). Parks und Gärten sowie Bäume, Sträucher und Hecken tragen durch ihre Fähigkeit Lärm zu „verschlucken" dazu bei, die Lärmbelastung zu reduzieren. Zudem verbessern die Pflanzen als Sauerstoffspender die Lebensqualität.

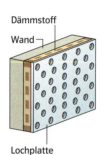

B3 Schallschluckende Lochplattenfläche

Im Bereich des Wohnungsbaus hat sich das Schallschutzfenster als eine wirksame Maßnahme gegen zu große Lärmbelästigung erwiesen (→B4). Die Dreifachverglasung dämmt den Schall genauso gut wie das Mauerwerk. Leider gilt aber hier, dass diese Maßnahme ihre Wirkung nur bei geschlossenem Fenster entfaltet. Von den Wänden eines Raumes wird der Schall hin- und herreflektiert. Dadurch entsteht ein Nachhall, der außerordentlich störend wirken kann. Will man den Nachhall insbesondere in Büro- oder Arbeitsräumen verringern, so benutzt man Lochplattenflächen (→B3). Der Schall dringt durch die Lochplatte und wird im Dämmstoff absorbiert. Durch diese Wandverkleidung kann man Reflexion und Nachhall fast völlig beseitigen. In einem solchen Raum klingen die Stimmen wie auf freiem Feld, wo ebenfalls ein Nachhall kaum registriert wird.

■ **A1** Erstelle ein Plakat zum Lärmschutz in deinem Wohngebiet und bereite einen Kurzvortrag vor.

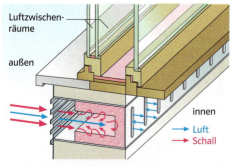

B4 Aufbau eines Schallschutzfensters

Rückblick

1 Begriffe
Was versteht man unter
a) Schallquellen und Schallempfängern?
b) Schall?
c) Frequenz?
d) Amplitude?

2 Beobachtungen
Was beobachtet man, wenn
a) die Amplitude einer Schallschwingung zunimmt?
b) die Frequenz einer Schallschwingung abnimmt?
c) eine Schallquelle im luftleeren Raum steht?
d) Schall reflektiert wird?

3 Erklärungen
Wie lässt sich begründen, dass
a) Schall durch Schwingungen entsteht?
b) Schall Energie transportiert?
c) sich Schall nur in Stoffen ausbreitet?
d) lauter Schall Gehörschäden erzeugt?
e) man räumlich hören kann?

4 Gesetzmäßigkeiten
Beschreibe mit eigenen Worten
a) den Zusammenhang zwischen der Länge einer schwingenden Saite und der Tonhöhe.
b) den Einfluss von Amplitude und Frequenz auf die Schallwahrnehmung.
c) ein Modell für die Ausbreitung des Schalls in Form von Wellen.

Erläutere die Erscheinungen in den folgenden Bildern und beantworte die Fragen!

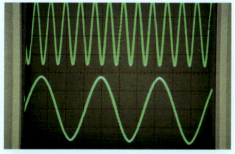

B1 Was lässt sich über die so aufgezeichneten Töne sagen?

B2 Welche Nadel schwingt mit der größten Frequenz?

B3 Was demonstriert diese tönende Stimmgabel?

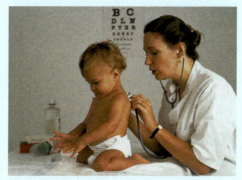

B5 Welche Eigenschaft des Schalls wird beim Abhören mit dem Stethoskop angewandt?

B4 Wie entstehen verschiedene Töne?

B6 Warum klingt hier alles so gedämpft?

Schall

Heimversuche

1 Eine Abhöranlage In manchen römischen Palästen soll es geheime Schallröhren in den Wänden gegeben haben, durch die der Herrscher heimlich die Gespräche der Untergebenen belauschen konnte. Kann das funktioniert haben? Plane einen einfachen Versuch, mit dem du das überprüfen kannst. Tipp: Benutze einen etwa 10 m langen Gartenschlauch.

2 Das Schnurtelefon Zwei leere Plastikbecher werden am Boden durchbohrt. Durch die Löcher wird jeweils ein Ende eines langen Bindfadens gezogen und am Ende innen durch einen dicken Knoten gehalten. Wenn du in einen der Becher sprichst, so ist der Ton auch bei einer Fadenlänge von 10 m im anderen Becher noch gut zu hören (→ B1).

a) Welche Rolle spielt die Fadenspannung?
b) Werden höhere Töne (große Frequenz) oder tiefere (kleine Frequenz) schlechter geleitet?

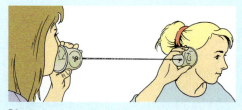

B1

3 Gruppenarbeit zum Lärm Erstelle mit einem Schallpegelmessgerät eine Lärmkarte eurer Schule. Zeichnet einen Grundriss der Schule und markiert die lautesten Stellen rot.

Aufgaben

Schallschwingung

1 Auf einer Stimmgabel steht „440 Hz". Was bedeutet diese Angabe?

2 Eine Biene schlägt mit ihren Flügeln in der Minute etwa 2400-mal, eine Hummel 1200-mal und eine Mücke 3600-mal. Ordne der Tonhöhe nach!

3 Nach der Art der Schallerzeugung unterscheidet man Schlag-, Zupf-, Blas- und Streichinstrumente. Nenne je zwei Beispiele.

4 Petra und Svenja sollen die Laufzeiten beim 60-m-Lauf stoppen. Petra sagt: „Ich starte die Stoppuhr, wenn ich den Knall der Startklappe höre." Svenja dagegen will die Uhr starten, sobald sie sieht, dass die Startklappe aufeinander geschlagen wird. Was meinst du?

5 Zwischen Blitz und Donner vergehen fünf Sekunden. Wie weit ist das Gewitter entfernt?

6 Beim Anblasen einer leeren Flasche wird ein Ton hörbar. Beschreibe, wie sich der Ton ändert, wenn man etwas Wasser in die Flasche füllt.

7 Weshalb legt man die Hand hinter das Ohr und biegt das Ohr trichterförmig nach vorn, um leise Geräusche zu hören?

8 Weshalb hören sich Geräusche in einem leeren Zimmer anders an als in einem möblierten?

9 Wie lässt sich der sogenannte Trittschall in Wohnungen vermindern?

Schallausbreitung und Ohr

10 Gib den Frequenzbereich des menschlichen Ohres an.

11 Das Summen von Bienen können wir hören, Schmetterlinge hören wir dagegen nicht. Begründe.

12 Indianer sollen Eisenbahnschienen abgehört haben, um sich über das Herannahen eines Zuges zu informieren. Erläutere dies.

13 Aus welchem Material könnte ein Gehörschutz bestehen?

14 Welchen Zweck hat es, dass sich bei Handys oder auch bei herkömmlichen Telefonen unterschiedliche Klingeltöne einstellen lassen?

15 Begründe, warum bei bestimmten Tätigkeiten ein Gehörschutz vorgeschrieben ist.

16 Ärzte stellen schon bei Jugendlichen immer häufiger Gehörschäden fest. Nenne Ursachen.

17 Im Straßenverkehr findet man auch nebenstehendes Verkehrszeichen (→ B2). Gib die Bedeutung an. Wo sind solche Verkehrsschilder aufgestellt?

18 Zwischen stark befahrenen Straßen und Wohngebieten sind oft sehr teure Wände aus Holz bzw. Glas oder spezielle Mauern aufgestellt. Begründe solche Maßnahmen. Welche Eigenschaften des Schalls werden hierbei jeweils genutzt?

B2 Zu Aufgabe 17

Energie

Manche Gegenden zeigen sich hell erleuchtet.
Woher kommt das Licht in der Nacht?

Online-Link
772423-0700

Energieversorgung

■ **V1** Im Folgenden werden einige Versuche nur durch Bilder dargestellt.
1 Beschreibe die Versuche mit Worten
2 Baue sie nach und führe sie durch
3 Notiere Hinweise auf Energie

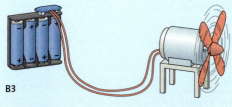
B3

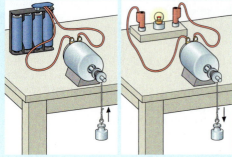
B4

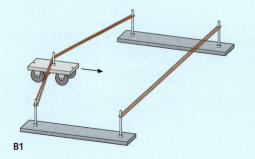
B1

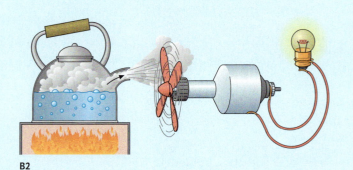
B2

B5

Energiewandler Mit einem Elektromotor in einem Kran kann man etwas hochheben, ein ICE wird durch einen großen Elektromotor sehr schnell bewegt. Beides geht aber nur, wenn der Motor an eine passende elektrische Quelle angeschlossen ist. Sie liefert die Energie zum Hochheben oder Bewegen. Der Dynamo deiner Fahrradbeleuchtung ist eine elektrische Quelle, aber nur, wenn sich sein Antriebsrad bewegt. Im Versuch zeigt sich, dass man einen Dynamo auch durch ein herabsinkendes Gewichtsstück antreiben kann. Das Leuchten der Fahrradlampe zeigt Energie an, die eigentliche Ursache dafür ist die Bewegung oder das herabsinkende Gewichtsstück. In der Physik stellt man sich vor, dass hochgehobene oder bewegte Gegenstände Energie in unterschiedlicher Form enthalten.

● **Energie tritt in verschiedenen Formen auf.**

Motor und Dynamo bewirken eine Umwandlung von der einen in die andere Form – sie sind **Energiewandler**. Wir stellen dies durch ein Energieflussdiagramm dar.

Energie des bewegten Fahrrades → Energiewandler Dynamo → Energie des elektrischen Stromes

Energie des elektrischen Stromes → Energiewandler Elektromotor → Energie des bewegten ICE

B6

■ **A1** Die Lampe ist ein Energiewandler. Stelle das in einem Energieflussdiagramm dar.

■ **A2** Finde zwei weitere Beispiele für Energiewandler und zeichne die zugehörigen Energieflussdiagramme.

■ **A3** Beschreibe die Energieumwandlung, die in Abbildung **B2** auftreten.

Energiespeicher Ein hochgehobener Körper kann die Energie halten und bei Bedarf abgeben. Man sagt: Er ist ein **Energiespeicher**. Weitere Energiespeicher sind: ein aufgeladener Akku, ein sich drehendes Schwungrad, eine gespannte Stahlfeder bei einem Spielzeugauto und erhitztes Wasser in einer Thermoskanne.

● Energiespeicher können Energie für längere Zeit festhalten; Energiewandler geben die zugeführte Energie sofort in anderer Form weiter.

B2 Pumpspeicherkraftwerk

Bereitstellung von Energie Es gibt mehrere Möglichkeiten, die für uns wichtige elektrische Energie bereitzustellen. Die meisten Wege der Bereitstellung haben die Gemeinsamkeit, dass ein sogenannter Generator angetrieben werden muss, der die elektrische Energie bereit stellt. Zum Antrieb des Generators dienen Dampfturbinen (Verbrennung von z. B. Kohle), Wasserturbinen bzw. Windräder (→B3). Die Drehung des Generators wird in elektrische Energie umgewandelt. Daher ist ein Generator auch ein Energiewandler. Eine weitere Möglichkeit elektrische Energie bereitzustellen besteht in der Nutzung der Sonnenenergie. Dies macht eine Solarzelle (→B5 auf vorangehender Seite).

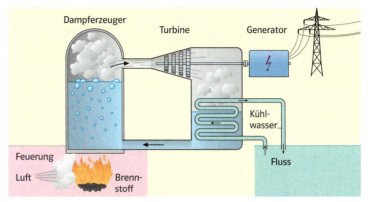

B3 Prinzip eines Wärmekraftwerkes

Transport Zwischen den **Energiespeichern** und **Energiewandlern** kann die Energie auf verschiedene Weisen transportiert werden, z. B. durch elektrischen Strom in Kabeln, sich drehende Achsen, Licht, Wärmestrahlung oder Wärmeleitung. Das Pumpspeicherwerk in der Abbildung B2 ist dafür ein Beispiel. Das Wasser in dem hoch gelegenen See dient als Energiespeicher. Lässt man nun das Wasser durch die langen Rohre nach unten fließen, so werden Turbinen und damit auch Generatoren angetrieben, die dann wieder elektrische Energie an die Haushalte liefern. Die Energieversorgung der Haushalte ist in der Abbildung B1 dargestellt.

■ **A1** Nenne Vorteile bzw. Nachteile bei der unterschiedlichen Bereitstellung der Energie (Wasserkraft, Windkraft, Kohlekraft).

■ **A2** Beschreibe die Energiewandlung im Pumpspeicherwerk.

■ **A3** Inwiefern kann eine Glühlampe bzw. eine Solarzelle als Energiewandler beschrieben werden? Erläutere dies und nenne die auftretenden Energieformen.

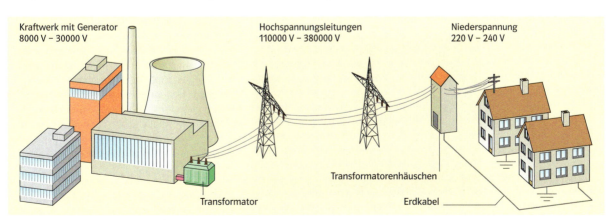

B1 So werden Haushalte mit elektrischer Energie versorgt.

Energie

Energie kann nicht verschwinden

■ **V1** Rudi hat wieder eine neue Idee: „Wenn ich diese Vorrichtung einmal in Schwung setze, läuft sie selbstständig immer weiter und liefert obendrein Energie für die Glühlampe." Baue Rudis Apparatur nach und beschreibe deine Beobachtungen. Erläutere!

■ **V2** Bastle aus Pappstreifen und Klebestreifen eine Fahrbahn wie in Abbildung **B2**. Lass eine Murmel durch die Bahn laufen. Wie hoch kommt die Murmel? Wiederhole den Versuch mit einem anderen Fahrbahnbelag.

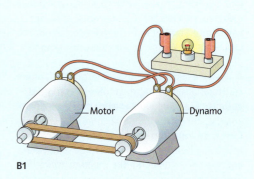

B1

Vorgänge mit Reibung Der Fahrradfahrer in Abbildung **B2** erreicht ohne weiteren Antrieb nicht mehr die ursprüngliche Höhe. Wie in diesem Fall scheint die Energie bei vielen Vorgängen abzunehmen. Tatsächlich geschieht Folgendes: Der Fahrradfahrer in Abbildung **B2** erhöht die Temperatur seiner Umgebung geringfügig. Dies geschieht durch die Luftreibung, die Reibung in den Lagern und an den Reifen sowie durch die Reibung an den Bremsen. Die dabei an die gesamte Umgebung (Luft, Erde …) abgegebene Energie fehlt ihm später, er erreicht nicht mehr seine alte Höhe. Ebenso ergeht es einem springenden Ball. Auch er erreicht nach dem Aufprall nicht mehr seine ursprüngliche Höhe (→**B3**). Bei allen Vorgängen mit Reibung wird Energie abgezweigt, die die Temperatur der Umgebung erhöht. Man bezeichnet dies als Energieerhaltungssatz:

● **Bei allen Energieumwandlungen bleibt die Energie mengenmäßig insgesamt erhalten. Sie geht nicht verloren, sie tritt nur in anderen Formen auf.**

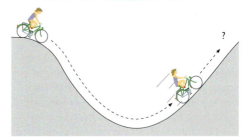

B2 Wie hoch kommt der Radfahrer?

Die oben angesprochene Art der Energieumwandlung kann nicht rückgängig gemacht werden: Es gibt z. B. keine rückwärts ablaufende Bremse, die ein Fahrrad beschleunigt und dabei kälter wird und keinen Ball, der von sich aus immer höher springt und dabei die Umgebung abkühlt.

Entwertung Mit der Energie der erwärmten Umgebung kann man auch auf andere Weise nichts antreiben oder hochheben. Sie ist zwar noch vorhanden, aber nicht mehr nutzbar. Man sagt: Sie ist **entwertet**. Energietransportketten enden also immer dort, wo die Umgebung erwärmt wird.

Immer wieder haben Forscher versucht, wie Rudi die einmal in eine Vorrichtung gesteckte Energie (Anschub des Motors) nicht nur zu erhalten (Motor und Dynamo laufen immer weiter), sondern noch zu vermehren (Energieabgabe an Lampe). Es ist ihnen nie gelungen.

● **Bei keinem Vorgang nimmt die Energie insgesamt zu.**

■ **A1** Zeichne eine Energietransportkette für Rudis Maschine. Erkläre damit, warum die Maschine nicht funktionieren kann.

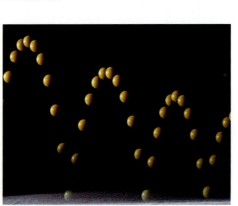

B3

Projekt: Energiesparen

Werkstatt

Wo, wie und warum muss man überhaupt Energiesparen? Wertvolle Energie in Form von Brennstoffen steht nicht unbegrenzt zur Verfügung. Deshab müssen wir mit den Energievorräten sparsam umgehen und lernen, Energie zu sparen.

Zu den wertvollsten Energieformen zählt die elektrische Energie. Um diese einsparen zu können, unternehmen Forschung, Industrie und Handwerk große Anstrengungen. So werden alte Anlagen und Maschinen durch effektivere ersetzt: Neue Kühlschränke oder Waschmaschinen sind beispielsweise europaweit mit sogenannten **Energieeffizienzklassen** versehen, die uns Hinweise auf ihren Energiebedarf geben (→B6). Die besten sind mit der Klasse A++ beziffert. Die schlechteren mit B oder C sollten hingegen nicht mehr gekauft werden. Sie sind zwar meist billiger in der Anschaffung, haben aber einen vielfach höheren Energiebedarf. Das schadet unserem Geldbeutel und vor allem der Umwelt.

Viele kleine eingesparte Energiebeträge können zusammen viel ausmachen, wenn alle Leute mitmachen. So können z.B. alte Glühlampen durch Energiesparlampen ersetzt werden. Letztere sind zwar in der Anschaffung teuer, sparen aber später ein Vielfaches dieser Mehrkosten wieder ein, weil sie viel weniger Energie benötigen (→B3).

Energiesparen in der Schule Dazu müsst ihr zunächst feststellen, wo und wie das möglich ist. Folgende Anregungen können helfen:
- Befragung von Mitschülern und Lehrern, Eltern, Hausmeister ...
- Besichtigung von Räumen und Anlagen
- Messung von z.B. Temperaturen (Heizung zu hoch?)

Zur Befragung der Mitschüler bzw. Lehrer könnt ihr einen Fragebogen entwickeln. Mögliche Fragen könnten sein:
- Gibt es Thermostatventile an der Heizung?
- Sind die Fenster dicht?
- Sind die Lampen in den Klassen immer an und was für Lampen sind es?

Die Besichtigung der Räume könnt ihr mit einer Temperaturmessung verbinden. Tabelle **B5** kann euch dabei helfen.
Im Anschluss könnt ihr eure Ergebnisse und Befragungen in der Schule veröffentlichen und Vorschläge zum Energiesparen machen. Dazu könntet ihr beispielsweise Plakate erstellen und eine kleine Ausstellung machen. Achtet bei eurer Erarbeitung darauf, dass ihr die Ergebnisse sorgfältig dokumentiert und vorher absprecht, wer von euch für welchen Teil des Projekts zuständig ist.

■ **A1** Erläutere, was man unter Stand-By-Geräten versteht. Wo kommen solche Geräte in eurer Schule vor? Diskutiert über Sinn und Zweck ihrer Verwendung.

B1 Glühlampe

B2 Energiesparlampe

Produkt	Glühlampe (nicht mehr im Handel)	gleich helle Energiesparlampe
Lebensdauer in Stunden	1 000	10 000
Lampenkosten in €	5,– (10 Stück)*	5,–*
Stromkosten in €	90,–	16,50
Gesamt in €	95,–	21,50

B3 Vergleich der Kosten beim Gebrauch verschiedener Lampen *Preise in € gerundet.

B4

Flure und Treppenhäuser	15 °C
Turnhalle	17 °C
Verwaltung, Unterrichts- und Büroräume	20 °C
Werkräume	18 °C
Umkleide- und Duschräume	22 °C

B5

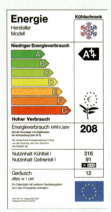

B6 Energielabel eines Haushaltsgerätes mit Angabe der Energieeffizienzklasse

Energie

Rückblick

Auf den vorhergehenden Seiten hast du einige Versuche, neue Begriffe, Beobachtungen und Erklärungen kennen gelernt. Wenn du die folgenden Aufgaben bearbeitest, erstellst du dir selbst eine Zusammenfassung des Kapitels und kannst überprüfen, ob du das Wichtigste verstanden hast. Bist du an einer Stelle unsicher, dann sieh auf der angegebenen Seite noch einmal nach.

1 Gegenstände und Begriffe
Was versteht man unter
- einem Energiespeicher?
- einem Energiewandler?
- Energieentwertung?

2 Beobachtungen
Was beobachtet man, wenn man
- ein sich drehendes Rad mit der Hand abbremst?
- Wasser aus unterschiedlichen Höhen herunter fließen lässt?

3 Erklärungen und Erläuterungen
- Erkläre die Vorgänge in einem Kohlekraftwerk und zeichne ein Energieflussdiagramm!
- Erkläre die Vorgänge in einem Windkraftwerk und zeichne ein Energieflussdiagramm!

4 Zusammenhänge
Welcher Zusammenhang besteht zwischen der Höhe eines springenden Balles und der Energieabgabe beim Aufprall?

Erläutere die Erscheinungen in den folgenden Bildern und beantworte die Fragen!

B1 Erläutere das Besondere an diesem Kraftwerk? Woher bezieht es Energie?

B2 Beschreibe, was mit diesen Versuch untersucht werden soll.

Aufgaben

1a) Nenne 3 Energiespeicher und 3 Energiewandler!
b) Nenne den Unterschied zwischen Energiespeichern und Energiewandler!

2 Die Zeiger einer Uhr benötigen Energie für ihre Bewegung. Untersuche bei verschiedenen Uhren (Armbanduhr, Wecker, Pendeluhr), woher sie ihre Energie beziehen!

3 Ohne Antrieb pendelt eine Schaukel langsam aus. Beschreibe, wo die Energie bleibt.

4 Erläutere die Notwendigkeit, Brennstoffe wie Kohle und Erdöl einzusparen.

5 An der Mündung der Rance in der Nähe von St. Malo (Frankreich) treiben bei Flut die flussaufwärts strömenden Wassermassen die Turbinen des Gezeitenkraftwerks (→B3) an.
a) Nenne Vor- und Nachteile dieses Kraftwerks!

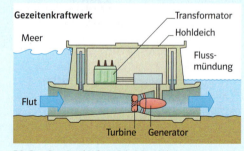

B3 Das Gezeitenkraftwerk bei St. Malo

b) Versuche mit Hilfe anderer Bücher oder dem Internet herauszubekommen, warum bei St. Malo ein Gezeitenkraftwerk gut arbeitet!

6 Auf den Boden auftreffender Regen besitzt Energie. Wie könnte man sie nutzen?

7 Als Brennstoff der Zukunft gilt Wasserstoff. Informiere dich über Vor- und Nachteile gegenüber den heute üblichen Brennstoffen!

Basiskonzepte

Basiskonzepte sind allgemeine Prinzipien, nach denen sich die Inhalte der Physik strukturieren lassen. Sie sind also eine übergreifende Systematisierungshilfe. Wir betrachten vier Basiskonzepte.

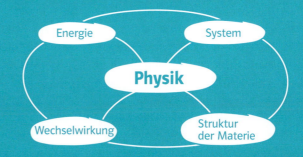

Um die Basiskonzepte zu verstehen, kann man sich des folgenden Beispiels bedienen: In einem CD-Geschäft sind die CDs nach den Namen der Interpreten angeordnet. Der Inhaber könnte nun die CDs nach Musikstilen, etwa Klassik, Jazz, Pop, Rock umsortieren. Eine andere Möglichkeit wäre es, ein Verzeichnis der CDs anzulegen, beispielsweise nach den Aspekten: „Musik zum Träumen", „Musik zum Tanzen", „Musik mit Gesang" oder ähnlich. Das Verzeichnis würde dann den Standort der CD anzeigen.

Die im Geschäft vorhandenen CDs kann man mit dem Wissensstoff der Physik vergleichen. Schaut man sich die unterschiedlichen Sachverhalte, wie sie z. B. in diesem Lehrbuch dargestellt werden, zusammenfassend an, so stellt man fest, dass bestimmte Prinzipien immer wieder auftreten, sich sozusagen ein „roter Faden" ergibt: Durch die Basiskonzepte wird der „Wissensstoff" neu strukturiert, so wie die CDs unter verschiedenen Gesichtspunkten sortiert werden können.

Ein Basiskonzept haben wir schon sehr ausführlich kennengelernt, weil es für alle Bereiche der Physik von entscheidender Bedeutung ist, das Basiskonzept „Energie". Weitere Basiskonzepte sind: „System", „Wechselwirkung" und „Struktur der Materie".

Auf den folgenden Seiten findet ihr zusammenfassend kurze Erläuterungen zu den vier Basiskonzepten und ein Beispiel für die Zuordnung. Dies soll als Anregung dienen, weitere Beispiele zu suchen und den jeweiligen Basiskonzepten zuzuordnen. Schaut dazu auch im Hauptteil des Lehrbuches nach. Ihr könnt zunächst die vorgeschlagenen Beispiele bearbeiten oder ihr wählt eigene Beispiele und erstellt eure eigenen Basiskonzeptseiten und präsentiert diese der Klasse.

Die Inhalte der Physik lassen sich nach verschiedenen Themenbereichen (z. B. Elektrizitätslehre, Optik usw.) strukturieren oder nach den so genannten Basiskonzepten.
Durch die Betrachtung von Vorgängen in der Physik mit Hilfe der Basiskonzepte kann vieles leichter verstanden werden, weil dadurch Zusammenhänge (Analogien) zwischen verschiedenen Teilgebieten der Physik erkennbar werden.

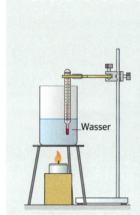

Energie Nichts geht ohne Energie. Immer wenn etwas erwärmt wird, bewegt wird oder Licht aussendet, ist Energie im Spiel. Energie kann man umwandeln, speichern und übertragen, aber niemals erzeugen oder vernichten. Ein Beispiel finden wir bei der Erwärmung von Wasser mit einer Kerze: Die Kerze gibt Energie ab – wir erkennen dieses daran, dass die Kerze kleiner wird – und das Wasser nimmt die Energie auf: es wird wärmer.

| Kerze: Energie wird abgegeben | Energie geht über → | Wasser: Energie wird aufgenommen |

System Es ist selten sinnvoll, Gegenstände getrennt voneinander zu betrachten. Zum Beispiel genügt es beim Reparieren einer defekten Beleuchtungsanlage meist nicht, nur die Glühlampe zu untersuchen. Erst, wenn man das ganze System aus elektrischer Quelle, Leitungen, Schaltern und Glühlampe betrachtet, kann man den Fehler finden.

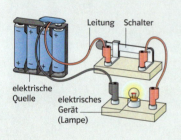

Wechselwirkung Wechselwirkung findet immer dann statt, wenn z. B. zwei Körper aufeinander wirken: Wird eine Büroklammer von einem Magneten angezogen, so bewegt sie sich auf ihn zu.
Aber auch der Sonnenbrand ist die Folge einer Wechselwirkung. Die ultraviolette Strahlung im Sonnenlicht bewirkt eine schmerzhafte Veränderung der Haut.

Struktur der Materie Alle Stoffe bestehen aus kleinsten Teilchen. Je nachdem, wie diese Teilchen angeordnet sind, unterscheiden wir den festen, den flüssigen und den gasförmigen Zustand eines Stoffes.
Einen anderen Aspekt finden wir im Sachgebiet Magnetismus: Manche Stoffe in der Natur sind magnetisch oder lassen sich magnetisieren; man stellt sich vor, dass sie aus kleinen Elementarmagneten bestehen.

Festkörper — flüssiger Körper — gasförmiger Körper

Am Beispiel des Schalls kann man die vier Basiskonzepte deutlich machen:

Energie Mit dem Schall wird Energie übertragen. Erkennbar ist dies beispielsweise am Klirren des Geschirrs im Schrank bei einem heftigen Donner oder beim Starten eines Flugzeugs. Auch beim Mikrofon wird Energie übertragen: Der ankommende Schall regt eine Membran zum Schwingen an und wird anschließend auf ein elektrisches System übertragen. Bei diesem Vorgang wird die Energie des Schalls in die Energie der Bewegung der Membran und anschließend in elektrische Energie umgewandelt. (→ S. 115)

System Beim Hören bilden mehrere Elemente ein System: Der Schall breitet sich durch die Luft aus, wird vom Ohr aufgefangen und im Innenohr in elektrische Nervensignale umgewandelt, die über den Gehörnerv an das Gehirn weitergeleitet werden. Nur durch das Zusammenwirken der einzelnen Teile des Systems können wir hören. (→ S. 118)

Wechselwirkung Eine für den Menschen schädliche Wechselwirkung ist der Lärm. Das Ohr nimmt die Schallschwingungen auf: Es findet eine Wechselwirkung zwischen dem Schall und dem Ohr statt. Trifft Lärm, also Schall großer Lautstärke, auf das Ohr, so kann dadurch eine dauerhafte Schädigung des Ohres verursacht werden. Daher ist der Schutz vor Lärm so wichtig. (→ S. 121)

Struktur der Materie Schall benötigt einen Schallträger, z.B. Luft. Diese besteht aus kleinen Teilchen, die in Schwingung geraten und diese Schwingungen weiter übertragen. Deshalb ist die Schallausbreitung im Vakuum des Weltraums nicht möglich. Aber nicht nur in Luft, sondern auch in flüssigen und festen Stoffen breitet sich eine Schallwelle aus. Bei der Ausbreitung wird die Schallschwingung vom Schallträger gedämpft: harte Stoffe dämpfen weniger als weiche. (→ S. 114 und 116)

■ **A1** Suche Beispiele für die vier Basiskonzepte aus dem Kapitel Licht.

■ **A2** Erstelle eine ähnliche Übersicht zu den Phänomenen auf den Seiten 15, 53, 71 und 125. Beachte, dass nicht bei jedem Sachverhalt alle vier Basiskonzepte gleichermaßen angesprochen werden.

Physikalisches Fachwortregister Deutsch–Englisch (mit Beispielen)

A

Abbildung	image
Abschirmung	blocking
Absorption	absorption
abstrahlen	(to) radiate
Adaption	adaptation (of vision)
Alufolie	(aluminium) foil
Atom	atom

B

Batterie	battery
beobachten	(to) observe
Beobachtung	observation
Bewegung	motion, movement
Bild	image, picture
Biologie	biology
Blende	blind, shutter
Brechung	refraction
Brennpunkt	focal point
Büroklammer	paper clip

C

Chemie	chemistry

D

Daten	data (pl.)
Dauermagnet	permanent magnet
Diagramm	diagram, graph
Draht	wire
durchscheinend	translucent
Dynamo	dynamo

E

Einheit	unit
Eis	ice
Eisberg	iceberg
Eiswürfel	ice cube
Elektrizität	electricity
Elektromagnet	electromagnet
Energie	energy, power
Energieerhaltung	conservation of energy
Energieform	kind of energy
Energie-„Verbrauch"	consumption of energy
Energieentwertung	devaluation of energy

F

Fahrradbeleuchtung	bicycle lighting
Farbe	colour
Farbenkreis	colour circle
fest	solid
flüssig	liquid
Flüssigkeit	liquid
Frequenz	frequency

G

genau	accurate
Genauigkeit	accuracy
Geschwindigkeit	velocity
Gewicht	weight
Gleichgewicht	equilibrium
Gleichspannung	direct current voltage
Gleichstrom	direct current (DC)
Glühlampe	light bulb

H

Halbschatten	half shadow, Astro.: penumbra
Heizkörper	radiator
Heizung	central heating
Hufeisenmagnet	horse shoe magnet

I

Isolator	insulator

J

Jahreszeiten	seasons

K

Kabel	wire
Kamera	camera
Kernschatten	complete shadow, core shadow, Astro.: umbra
Klebeband	tape
Klingel	bell
kochen	(to) boil
Kompass	compass
Komplementärfarbe	complementary colour
Kondensation	condensation
kondensieren	(to) condense
konstant	constant
Kraft	force
Kraftmesser	dynamometer
Kraftwerk	power station
Kreislauf	cycle
Kurzschluss	short circuit
Kurzsichtigkeit	myopia, near-sightedness

L

Ladung	charge
Lautsprecher	speaker
Lautstärke	volume
Leiter (elektr.)	conductor
Leitung	conduction, wiring
Lichtbündel	light beam
Lichtleiter	light line, light guide, light pipe
Lichtquelle	source of light
Linse	lens, (Sammel-) convergent lens, (Zerstreungs-) dispersive lens
Lochkamera	pinhole camera
lotrecht	perpendicular
Lupe	magnifying glass/lens

M

Magnet	magnet
Magnetnadel	magnetic needle
Magnetpol	magnetic pole
Masse	mass, ground (el.)
Materie	matter
Messgerät	device, measuring instrument, meter
Messung	measurement
Mikrofon	microphone
Molekül	molecule
Mond	moon
Mondfinsternis	lunar eclipse

N

Naturwissenschaft	science
Netzgerät	power pack, power unit
Netzhaut	retina
Nebenregenbogen	satellite rainbow, secondary rainbow
Notizbuch	notebook

O

Objektiv	objective

P

Parallelschaltung	parallel connection, parallel circuit
Physik	physics
Pol	pole
Prisma	prism
Pupille	pupil

Q

Quelle	source

R

reflektieren	(to) reflect
Reflexion	reflection
Reflexionswinkel	angle of reflection
Regenbogen	rainbow
Reihenschaltung	connection in series, series circuit
Rücklicht	rear light

S

Schall	sound
Schallquelle	source of sound
Schalter	switch
Schaltplan	circuit diagram
Schatten	shadow
Schattentheater	shadow theatre
Schere	scissors
Schirm	techn.: screen
schmelzen	(to) melt
Schwerkraft	gravity
Sehwinkel	visual angle
Sicherung	Elektr.: fuse, EDV: backup
Skala	scale
Skizze	sketch
skizzieren	(to) sketch
Sonne	sun
Sonnenlicht	sun light
Spannung	voltage
Spektralfarbe	spectral colour
Spektrum	spectrum
Spiegelbild	mirror image
Strahl	ray, beam
Strohhalm	straw
Stabmagnet	bar magnet
Steckdose	socket
Stecker	plug
Strecke	distance
Streuung	dispersion, scattering
Strom	current
Stromkreis	electric circuit
Stromquelle	power source
Stromstärke	Elektr. : current intensity, amperage
System	system

T

Temperatur	temperature
Thermometer	thermometer
Totalreflexion	total reflection

V

verdampfen	(to) vaporize
Verformung	deformation
Vorderlicht	front light

W

Wärme	heat
Wechselschaltung	alternating-current circuit
Wechselspannung	alternating-current voltage
Wechselstrom	alternating current (AC)
Wechselwirkung	interaction
Weitsichtigkeit	hypermetropia, hyperopia
Wellenlänge	wave length
Wetter	weather
Wettervorhersage	weather forecast
Widerstand	resistance, resistor
Winkel	(spitzer) acute angle, (stumpfer) obtuse angle
Wirkung	effect

Z

Zusammensetzung	composition

Stichwort- und Personenverzeichnis

A
Abbildungen 104
Abschirmung, magnetische 29
Absorption 81, 93
Aggregatzustände 74
Aggregatzustandsänderungen 76
Ampelschaltung 25
Amplitude 112
Anomalie des Wassers 75
Auge 96
Ausdehnung fester Körper 60
Ausdehnung von Flüssigkeiten 62
Ausdehnung von Gasen 62
Außenleiter 46

B
Bild 104
Bimetall 65

C
Celsius, Anders 55
Camera obscura 105

D
Dauermagnet 28
Denkschaltung 26
Diagramm 56, 57
Diffusion 72
durchscheinend 93
Durchschnittstemperatur 59
durchsichtig 93

E
Echo 116
Echolot 116
Eichung 55
elektrische Anlage im Haus 46
elektrische Energie 127
elektrische Geräte 16
elektrische Klingel 31
elektrische Quelle 16
Elektro-Kardiogramm (EKG) 27
Elektromagnet 28
Elektronen 19
Elementarmagnete 29
Energie 39, 72, 78, 80, 126, 132, 133
Energie beim Menschen 43
Energieeffizienzklasse 129
Energieentwertung 39, 128
Energieerhaltung 128
Energieflussdiagramm 39
Energielabel 129
Energiequelle 40
Energiesparen 129
Energiespeicher 127
Energiestrom 41, 72
Energietransport in Materie 78
Energietransport mit Materie 80
Energietransport ohne Materie 81
Energieversorgung 126
Energiewandler 126, 127
entwerten 39
erstarren 74
Erstarrungstemperatur 76
Experimente planen und durchführen 61, 98
Experimentieren 8

F
Fahrenheit-Skala 55
Fahrenheit, Gabriel 55
Fahrradbeleuchtung 14, 95
Farben 94
Festkörper 73
Feuersetzen 64
Fieber 58
Filter 94
Finsternisse 103
FI-Schutzschalter 47
Fixpunkt 55
Flussdiagramm 48
Flüssigkeit 73
Frequenz 112

G
Gas 73
geerdet 46
Gefahren des elektrischen Stromes 17
Gefahren des Sonnenlichtes 96
Gefährliche Schaltungen 44
Geräusch 112, 113
Gruppenpuzzle 63

H
Halbschatten 101
Hauptsicherungskasten 46
Hausanschlusskabel 46
Hertz, Heinrich 112
Hochdruckgebiet 83
Hören 110
Hörgerät 118
Hornhaut 96

I
Infraschall 119
Isolator 20

J
Jahreszeiten 82
Joule (J) 39, 43

K
Kabelbrand 47
Kalorie 43
Kelvin-Skala 55
Kernschatten 101
Klang 112, 113
Knall 112, 113
Kompass 30
Kondensieren 74
Konvektion 83
Kurzschluss 44, 47

L
Langzeitbeobachtungen 59
Lärm 121, 122
Lärmschutzwand 122
Lärmstufe 121
Laser 99
Lautstärke 112
Leiter 20
Lernmethode „Kugellager" 42, 84 f., 118
Lernstationen 23, 41
Leuchtdiode 38
Lichtausbreitung 99
Lichtbündel 99
Lichtempfänger 92
Lichtenergie 97
Licht im Verkehr 95
Lichtquelle 92
Lichtstrahl 99
Lichtwirkung des elektrischen Stromes 38
Linse 96
Lochkamera 105
Lord Kelvin 55

M
Magnetfeld der Erde 30
magnetischer Nordpol 28, 30
magnetischer Südpol 28, 30
magnetisches Feld 29
magnetische Wirkung des elektrischen Stromes 28
magnetisieren 29
Magnetkräfte 29
Magnetschalter 31
Malaria 58
Mikrophon 118
Minuspol 16
Mischen 77
Mischungstemperatur 77
Missweisung 30
Modell 99
Mondfinsternis 103
Mondphasen 102
Musikinstrument 120

N
Nachhall 116
Nacht 102
Nennspannung 17, 22
Netzhaut 96
Neutralleiter 46
Nullleiter 46

O
objektive Messgröße 54
ODER-Schaltung 24, 26
Ohr 118

P
Parallelschaltung 22
Phase 47
Phasenübergang 74
Plakat 26
Pluspol 16
Pol, elektrischer 16
Pol, magnetischer 28
Protokoll 12, 21
Punktlichtquellen 100
Pupille 96

R
Reed-Kontakt 31
reflektieren 81, 93, 115
Reflektor 95
Reflexion 81, 93
regelwidriges Verhalten bei Wasser 75
Reibung 128
Reihenschaltung 22

S
Schall 110
Schallausbreitung 114
Schalldämpfung 116
Schallempfänger 110
Schallenergie 115
Schallentstehung 111
Schallgeschwindigkeit 115
Schallquellen 110
Schallträger 115
Schalter 18
Schaltplan 19
Schaltung 19
Schaltzeichen 19
Schatten 100
Schmelzen und Erstarren 74, 76
Schmelzsicherung 45
Schmelztemperatur 76
Schutzleiter 46, 47
Schwingung 111
Sehen 92
Sicherheitsbestimmungen 8
Sicherheitseinrichtungen 9
Sicherheitsschaltung 24
Sicherung 45, 47
Sicherungsautomat 45, 48
Sicherungskasten 46
Sieden 74
Siedetemperatur 76
Solarzelle 97, 98
Sonne 82
Sonnenbrand 96
Sonnenfinsternis 103
Spektrum 94
Spickzettel 117
Steigrohr 62
Strom beim Menschen 20, 27
Stromkreis 16, 18
Stromkreislauf 42
Struktur der Materie 132, 133
System 132, 133

T
Tag 102
Teilchen 72, 73
Teilchenbewegung 72
Teilchenmodell 73
Temperatur 54
Temperaturkurven 56
Temperaturregelung 84
Temperaturskala 55
Temperaturunterschiede 72
Thermometer 54
Thermostat 66
Tiefdruckgebiet 83
Ton 112, 113
Tonhöhe 112
Türgong 31

U
Ultraschall 119
ultraviolette Strahlung 96
Umschalter 25
UND-Schaltung 24, 26
Unterkühlung 79
UV-Strahlung 96

V

Verbrennung 79
Verdampfen und Kondensieren 74, 76
Verdunsten 74
Vermutungen durch Experimente überprüfen 65

Versuwchsprotokoll 12, 21

W

Wärmekraftwerk 127
Wärmeleitung 78
Wärmemitführung 80
Wärmestrahlung 81

Wärmewirkung des elektrischen Stromes 38
Wasserkreislauf 19, 42
Wechselschaltung 25, 26
Wechselwirkung 132, 133
Wetter 82
Wind 83

Wohnungssicherungen 46

Z

Zähler 46
Zitteraal 27
Zitterrochen 27

Bildquellennachweis

U1.1 Klett-Archiv (Zuckerfabrik Digital); **U.4.1** Klett-Archiv; **U.4.2** Okapia (Jef Meul), Frankfurt;

4.1 Klett-Archiv (Hartmut Fahrenhorst); **4.2** Mauritius (Cupak), Mittenwald; **4.3** EVS; **4.4** Arco Images GmbH (W. Daffue), Lünen; **5.1** plainpicture GmbH & Co. KG (Grimm), Hamburg; **5.2** Mauritius (Phipp); **5.3** Getty Images, München; **5.4** Getty Images (stone/Earth Imaging); **7.1** Klett-Archiv (Hartmut Fahrenhorst); **8.1** Klett-Archiv (Dr. Klaus Hell), Stuttgart; **11.1** Action Press GmbH (AVANTI), Hamburg; **11.2** Klett-Archiv (Ginger Neumann); **14.1; 14.2** Klett-Archiv (Manfred Grote); **15.1** Mauritius (Cupak), **16.4** Klett-Archiv (Dr. Michael Wagner); **17.1b, c** Klett-Archiv (Dr. Michael Wagner); **17.3** Conrad Electronic SE, Hirschau; **19.1** Klett-Archiv (Manfred Grote); **20.1** Klett-Archiv (Zuckerfabrik Digital); **22.2** Obi@Otto GmbH, Hamburg; **24.1** Wolf-Garten GmbH & Co. KG, Betzdorf/Sieg; **26.1** Klett-Archiv (Johann Leupold), Stuttgart; **27.1** FOCUS, Hamburg; **27.3a, b** Internationales Bildarchiv Horst von Irmer, München; **27.4** Tierbildarchiv Angermayer, Holzkirchen; **28.3a** Klett-Archiv (Zuckerfabrik Digital); **29.2** Klett-Archiv (Zuckerfabrik Digital); **31.5** Klett-Archiv (Dr. Wolf-Dieter Braun), Stuttgart; **32.1; 32.6** Klett-Archiv; **32.2** Klett-Archiv (Jens Werlein); **32.3** Mauritius (Josef Kuchlbauer); **32.4, 32.5, 32.6** Klett-Archiv (Zuckerfabrik Digital); **37.1** EVS; **38.1** iStockphoto (fabphoto), Calgary, Alberta; **38.2** Klett-Archiv (Georg Trendel); **38.3** A1PIX (DUC), Taufkirchen; **38.4** Picture-Alliance (dpa/ZB), Frankfurt; **38.5** Mauritius (Ypps); **40.1** ALPENHEAT, Hausmannstätten; **40.2** Klett-Archiv (Dr. Michael Wagner); **40.3** shutterstock (Andrew Buckin), New York, NY; **40.4** Klett-Archiv (Silberzahn); **40.5** Arco Images GmbH (O. Diez), Lünen; **40.6** MEV Verlag GmbH, Augsburg; **40.7** iStockphoto (J. M. Mata), Calgary, Alberta; **40.8** Ullstein Bild GmbH (JBM), Berlin; **40.9** shutterstock (Victor Soares), New York, NY; **40.10** Corbis (Mark Jenkinson), Düsseldorf; **40.11** iStockphoto (Paul Cowan), Calgary, Alberta; **40.12** Bilderberg (Peter Ginter), Hamburg; **40.13** Byland, A., Au/Auenstein; **40.14** shutterstock (Thomas Mounsey), New York, NY; **40.15** Klett-Archiv (Dr. Michael Wagner); **40.15** SUPERBILD (Eric Bach), Taufkirchen/München; **41.1** Klett-Archiv (Zuckerfabrik Digital); **41.2** Klett-Archiv (Dr. Michael Wagner); **41.3** Klett-Archiv (Manfred Grote); **43.2** Klett-Archiv (Harald Köhncke); **44.3** Picture-Alliance, Frankfurt; **45.2a** Klett-Archiv (Zuckerfabrik Digital); **45.2b** Klett-Archiv (Silberzahn); **45.3** Klett-Archiv (Manfred Grote); **46.3** Klett-Archiv (Gloger); **49.1** petra-electric, Burgau; **49.2a, b, 49.3** Klett-Archiv; **49.4** Klett-Archiv (Zuckerfabrik Digital); **51.1; 51.2** FLIR Systems GmbH, Frankfurt/Main; **52.4** Robert Bosch GmbH/Thermotechnik, Wernau; **53.1** Arco Images GmbH (W. Daffue), Lünen; **54.2** Klett-Archiv (Zuckerfabrik Digital); **56.1** Das Fotoarchiv (Peter Hollenbach), Essen; **58.1a** Scala electronic GmbH, Grünwald; **58.1b, c** Mauritius (Poehlmann); **58.2** FOCUS (Martin Dohrn), Hamburg; **60.2a–c** Klett-Archiv (Zuckerfabrik Digital); **60.3, 4** Klett-Archiv (Johann Leupold), Stuttgart; **62.3** Klett-Archiv (Hartmut Fahrenhorst); **63.1** Klett-Archiv (Dr. Michael Wagner); **66.1** Robert Bosch GmbH/Thermotechnik; **67.1; 67.2** Klett-Archiv; **67.3** Klett-Archiv (Johann Leupold); **67.4** Ursula Walter Frankfurt; **69.5** BASF Ludwigshafen; **71.1** plainpicture GmbH & Co. KG (Grimm), Hamburg; **72.2** Klett-Archiv; **73.1a – d; 73.2a – c** Klett-Archiv (Zuckerfabrik Digital); **74.2** Klett-Archiv (Horst Welker); **74.1a; 74.1b** Carlson, Mark, Atlanta, GA 30332-0280; **75.3** Klett-Archiv (Hartmut Fahrenhorst); **77.3** VISUM Foto GmbH (Sven Picker), Hamburg; **82.1** Corel Corporation Deutschland, Unterschleissheim; **82.2** Getty Images RF; **83.3** Picture-Alliance (Consolidated N), Frankfurt; **84.2** FOCUS (T. Deketelaere, A. Vandystadt), Hamburg; **84.3a** Okapia (Daniel J. Cox), Frankfurt; **84.3b** Greiner&Meyer, Braunschweig; **85.1** Corbis (zefa/ Jennerich), Düsseldorf; **85.3** Mauritius (Potorski); **85.4** Helga Lade (Photri), Frankfurt; **86.3** MPI-Fotoservice; **86.4** Klett-Archiv (Zuckerfabrik Digital); **88.2** Klett-Archiv (Werkstatt Fotografie); **88.4** Deutsches Rotes Kreuz Landesverband BW; **90.1** Klett-Archiv (Eckhard Müller); **91.1** Mauritius (Phipp); **93.1a – d** Klett-Archiv; **93.2** Busch + Müller KG, Meinerzhagen; **94.1** Tierbildarchiv Angermayer (Hans Pfletschinger); **94.2** Mauritius (Alfred Albinger); **94.5a, b** Klett-Archiv (Silberzahn); **95.1** Mauritius (Rossenbach); **95.2** Mauritius (GEWE); **95.3** Globus-Press (DVAG), Köln; **96.2** Helga Lade (E. Röhrich), Frankfurt; **97.2** Hochschule für Technik und Architektur (Hochschule für Technik und Architektur), Biel; **99.1** Klett-Archiv; **99.2** Getty Images (Taxi/Steve Bloom), München; **99.3** Picture-Alliance (Martin Ruetschi), Frankfurt; **100.1a, b** Klett-Archiv (Wilhelm Bredthauer, Peter Wessels), Stuttgart; **100.2a, b** Klett-Archiv (Fabian H. Silberzahn); **100.3** Klett-Archiv; **102.1** Carl Zeiss, Oberkochen; **102.3** Klett-Archiv (Hartmut Fahrenhorst); **103.3** Astrofoto (Bouillon), Sörth; **106.1** Mauritius (Thonig), **106.2** Caro Fotoagentur (Sorge), Berlin; **106.3** Mautitius Images (Alamy/David Noble); **106.4** Mauritius (Raavenswaay), **108.1** Astrofoto (Akira Terunuma), Sörth; **109.1** Getty Images; **111.1; 111.2** Klett-Archiv; **111.5** Tierbildarchiv Angermayer, Holzkirchen; **112.2** Barthelmes & Co GmbH, Tuttlingen; **118.2** iStockphoto (David Gunn), Calgary, Alberta; **119.2** Okapia (Stephen Dalton); **119.3** Okapia (Jeff Foott); **121.2** FOCUS (SPL/Prof. P. Motta), Hamburg; **122.1** Helga Lade (K. Baier); **122.2** mago & Stuttgarter Luftbild - FOTOFLUG.de, Ennepetal; **123.1** Klett-Archiv (Georg Trendel); **123.2** Klett-Archiv; **123.3** Klett-Archiv (Zuckerfabrik Digital); **123.4** Corbis (Jim Craigmyle), Düsseldorf; **123.5** Mauritius (AGE); **123.6** Tierbildarchiv Angermayer (E. Elfner), Holzkirchen; **125.1** Getty Images (stone/ Earth Imaging); **127.1** RWE Essen; **128.3** Klett-Archiv; **129.2; 129.3** Klett-Archiv; **129.6** Deutsche Energie-Agentur GmbH, Berlin; **130.1** NaturEnergie AG, Grenzach-Wyhlen; **130.2** Klett-Archiv (Georg Heinrichs); **131.1** Getty Images RF (McVay); **133.1** Klett-Archiv (Walter Jordan); **133.2** Getty Images (photonica/Sean Justice); **133.3** Getty Images; **133.4** Getty Images (Stone/Camille Tokerud); **133.5** Helga Lade (Photri); **138.1; 138.3; 138.10; 138.11; 138.12** AKG, Berlin; **138.2; 138.5; 138.13; 138.13** PIXTAL, New York NY; **138.4** FOCUS (SPL/Adam Hart-Davis), Hamburg; **138.6** Sächsische Landesbibliothek (Staatl. Kunstsammlungen/Kupferstich-Kabinett), Dresden; **138.7** Corbis (Bettmann), Düsseldorf; **138.8** Deutsches Museum; **138.9** Klett-Archiv; **138.14** MEV Verlag GmbH; **139.1; 139.10; 139.11; 139.17; 139.20; 139.21** AKG, Berlin; **139.2** Klett-Archiv; **139.3** Picture-Alliance (dpa), Frankfurt; **139.4** FOCUS, Hamburg; **139.5** Edition Leipzig, Leipzig; **139.6; 139.13** Deutsches Museum; **139.7** Fotosearch Stock Photography (PhotoDisc), Waukesha, WI; **139.8** Mauritius (SST); **139.9** Picture-Alliance (akg-images), Frankfurt; **139.12** Apple, München, München; **139.14** Daimler AG Medienarchiv; **139.15** MEV Verlag GmbH; **139.16** FOCUS (Terry/SPL/Agentur Focus), Hamburg; **139.18** mediacolor's P & F Müller (bew), Zürich; **139.19** Mary Evans Picture Library, London;

Nicht in allen Fällen war es uns möglich, den Rechteinhaber der Abbildungen ausfindig zu machen. Berechtigte Ansprüche werden selbstverständlich im Rahmen der üblichen Vereinbarungen abgegolten.

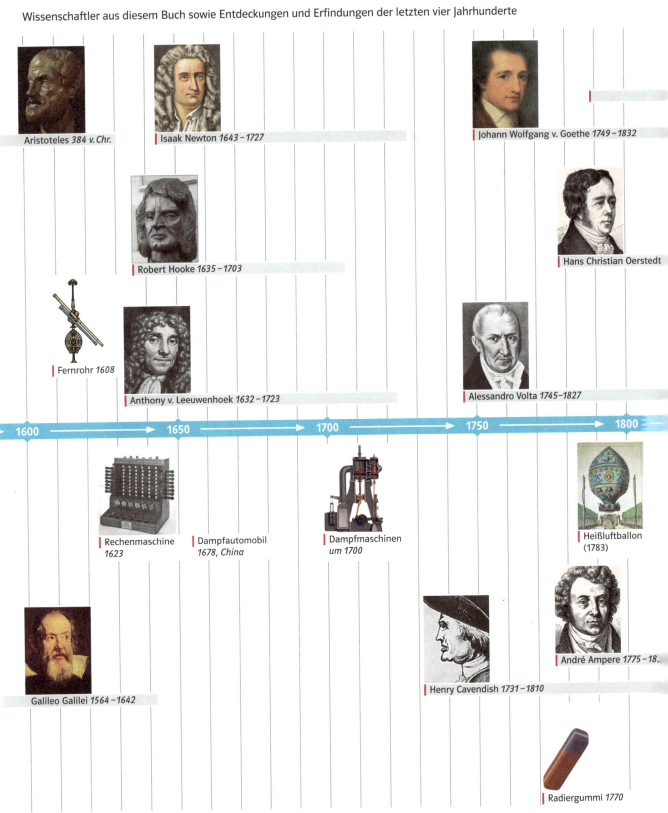